COPIE
DE LA PROCEDURE
COMMUNE

à BABEUF et co-accusés prévenus de conspiration contre la sûreté intérieure et extérieure de la République.

LE Directoire exécutif, après avoir entendu le Ministre de la police générale de la République,

Arrête, en vertu de l'acte constitutionnel, et des lois des 27 et 28 germinal dernier, que les nommés Gracchus Babeuf, Charles Germain, Massard, Ricord, Buonarotti, Darthé, Didier, Clerx, Boudin, Laignelot, Ficquet, Pillé, Jean Julien et Dufour, tous arrêtés le 21 de ce mois, et détenus en la maison d'arrêt dite de l'abbaye, comme prévenus d'une conspiration tendante au renversement de la Constitution et du gouvernement, au pillage des propriétés, au massacre des membres du corps législatif, du Directoire exécutif, et des autorités constituées, seront sans délai, traduits devant le Directeur du Juri, pour être procédé à leur égard, conformément à la loi du 27 germinal dernier.

Les Ministres de la police générale et de la justice sont chargés, chacun en ce qui les concerne, de tenir la main à l'exécution du présent arrêté, qui ne sera pas imprimé.

Pour expédition conforme,

Signé CARNOT, président

Par le Directoire exécutif, le Secrétaire-général,

Signé LAGARDE.

Certifié conforme,

Le Ministre de la police générale,

Signé COCHON.

A

PROCÈS-VERBAL

Constatant l'état des pièces à vérifier.

L'AN quatre de la République française, une et indivisible, le vingt-huit prairial, du matin, -moi Charles Denonvilliers, Greffier du Tribunal correctionnel et du Juri d'accusation du canton de Paris, Département de la Seine, soussigné; j'ai en exécution de l'article cinq cent vingt-six du code des délits et des peines du trois Brumaire dernier, procédé à l'état et description des pièces servant à conviction contre le nommé Babeuf, Buonarotti, Darthé et Germain, prévenus de la conspiration tendante au renversement du Gouvernement actuel, de la constitution de mil sept cent quatre-vingt quinze, au rétablissement de celle de mil sept cent quatre-vingt-treize, à troubler l'ordre intérieur et extérieur de la République, et à armer les citoyens les uns contre les autres; lesdites pièces par eux méconnues.

Lesdites pièces sont en ce qui concerne Gracchus Babeuf.

La première de la septième liasse, laquelle est écrite sur une grande feuille de papier commun, c'est-à-dire le recto du premier feuillet écrit en entier sur quatre colonnes, et commence ainsi : *Liste des Démocrates à adjoindre à la Convention nationale*, et finit par ces mots : *Pelletier Félix d'autant;* le verso de ce feuillet est écrit à peu-près à un quart, et commence par ces mots : *sème, Didier à Choisy*, et finit par ceux-ci *montèle d'Auxerre*. Il existe dans cette pièce plusieurs ratures, et cette même pièce est cotée première pièce, avec un paraphe qui est celui de Babeuf, et un C qui est celui du cit. Ministre de la Police générale.

Celles relatives à Buonarotti, sont :

La dixième pièce de la deuxième liasse des papiers trouvés rue de la Grande-Truanderie, où Babeuf a été arrêté, est écrite sur le recto d'une demi-feuille de papier à la Teillière. Elle commence par ces mots : *Liste complémentaire* et finit par ceux ci : *masse énergique*, elle est cotée dixième, et paraphée comme la précédente, elle porte au haut la date du 15 floréal, laquelle paraît être de l'écriture de Babeuf.

La onzième de la même liasse; elle est écrite sur une feuille de papier commun, la première page est sur trois colonnes, elle commence par la date : 12 *floréal au-dessus de la première colonne*, c'est-à-dire celle à gauche, par ces mots : *armes et effets de guerre*. La colonne du milieu ne contient que quelques chiffres ; elle finit par ceux-ci : *les chevaux de l'enchère, rue St. Honoré*; sur la seconde page, il n'y a que cinq demi-lignes d'écriture, dont deux sont batonnées de trois traits de plumes ; la troisième page commence par ces mots : *armes et effets de guerre*, et finit par ceux-ci : *4 obusiers de six pouces*, la quatrième page est en blanc ; cette pièce est cotée IVe. pièce et paraphée comme les précédentes.

La douzième pièce de la même liasse est écrite sur les trois premières pages d'une feuille de papier commun et sur deux colonnes. La première page commence ainsi : *État des Patriotes*, et finit par ces mots : *Bon pour commander en seconde ligne*. La deuxième page commence ainsi : *et des capitaines*, finissant par ceux ci *Toussaint, rue Margueritte, N°. 11. La troi-*

sième page commence ainsi : *Potemont, serrurier*, et finit par cenx-ci : *au moment*. Cette pièce est cotée 12, et paraphée comme les précédentes.

La dixième pièce de la sixième liasse desdits papiers est composée de deux feuilles de papier commun, trois feuillets seulement sont écrits sur deux colonnes, ou si l'on veut, à mi marge, la première page commence par ces mots : *Circulaire, le Directoire aux Agens*, et finit par ces mots : *faire marcher sur*. La deuxième page commence ainsi : *cette ville, une armée*, et finit par ceux-ci : *les noms des généraux auxquels*. La troisième page commence par ces mots : *ils devront obéir* et finissant par ceux-ci : *l'ordre sera par nous donné*. La quatrième page commence ainsi : *aux chefs et commandants*, et finit par ceux-ci : *vous communiquerez toutes nos*. La cinquième page commence ainsi : *instruction aux Sans-Culottes*, et finit par ceux-ci : *citoyen malheureux*. Cette pièce est cotée dixième et paraphée comme les précédentes.

La dix-huitième de la sixième liasse est écrite sur le recto d'un quarré de papier long, écrite sur deux colonnes commençant par ces mots : *Supplément à la Liste*, et finissant par ceux-ci : *Fera marcher les Canonniers de sa compagnie*, cette pièce est cotée dix-huitième, et paraphée comme les précédentes.

La première de la septième dont la description se trouve à l'article de Babeuf.

La quatorzième pièce de la septième liasse de papiers est composée de deux feuilles de papier commun, commençant sur la première page, par ces mots : *soldats le moment approche,* et finissant par ceux-ci , *ou l'empressaient ou le tue ,* la deuxième page commence ainsi : *non jamais tyrannie ,* et finit par ceux-ci . *elle rend tous les ,* la troisième page commence ainsi : *hommes égaux ,* et finit par ceux-ci , *votre sang ,* la quatrième page commence ainsi *ne servaient qu'à ,* et finissant par ceux-ci . *les vols et les ,* la cinquième page commence ainsi, *après deux ans ,* et finit par ceux-ci : *c'est peur ,* la sixième et dernière page commence par ces mots : *quelques soient les dangers ,* et finissant par ceux-ci , *les oppresseurs de la Patrie ,* cette dernière page se termine à peu-près aux deux tiers ; cette pièce est écrite à mi-marge ; il se trouve dans le cours d'icelle, plusieurs mots rayés et surchargés ; au bas de la quatrième page , six lignes sont bâtonnées de plusieurs traits de plume. Les deux premières lignes de ladite sixième page sont rayées , elle est cotée quatorzième et paraphée comme les précédentes.

La quarante-deuxième pièce de ladite septième liasse est écrite sur le recto d'une demi-feuille de papier à lettre , elle commence ainsi, *égalité , liberté , bonheur commun ;* et finit par ceux-ci, *le comité révolutionnaire de la section de ;* cette pièce est cotée quarante-deuxième, et paraphée comme les précédentes.

La quarante-troisième est écrite à mi-marge d'une demi-feuille de papier à la Tellière, elle commence ainsi, *égalité, liberté, bonheur commun, au nom du peuple français,* et finit par ceux-ci, *de l'an quatrième de la République française une et indivisible.* Cette pièce est cotée quarante-troisième, et paraphée comme les précédentes.

La quarante-cinquième de ladite septième liasse est aussi

écrite à mi-marge sur le recto d'une demie feuille de papier à la Tellière : elle commence par ces mots : *égalité, liberté, bonheur commun*, elle finit par ceux-ci : *du présent arrêté*, cette pièce est cotée 45 et paraphée comme les précédentes.

La quarante-sixième de ladite septième liasse, écrite sur le recto d'une demi-feuille de papier à lettre ; elle commence ainsi : *égalité, liberté, bonheur commun ;* et finit par ceux-ci : *ou autres effets, habillemens.* Cette pièce est cottée 46e., et paraphée comme les autres.

La quarante-septième pièce de ladite septième liasse est écrite aussi à mi-marge sur recto, et le verso d'une demi-feuille de papier à lettre, elle commence sur la première page, par ces mots : *le comité insurrecteur*, et finit par ceux-ci : *aucunes places ;* la deuxième page commence par ceux-ci : *Bureau central*, et finit par ceux-ci, vers les deux tiers de ladite page, *les ordres du comité.* Cette pièce est cottée 47e., et paraphée comme les précédentes.

La soixante-quatorzième de ladite septième liasse est aussi écrite à mi-marge sur le recto, et partie du verso d'une demi-feuille de papier à la Tellière : elle commence sur la première page par ces mots : *aux agens si nous mettrons par écrit*, et finissant par ceux-ci : *en les exhortant à ne*, la deuxième page commence ainsi : *par se livrer ;* et finit par ceux-ci : *le point d,appui d'un mouvement général.* Cette pièce est cottée 64, et paraphée comme les précédentes.

La trente-cinquième pièce de la liasse huitième ; laquelle paraît faire suite à la pièce trente-quatre qui la précède ;

cette pièce est écrite sur le recto et le verso d'une demi-feuille de papier à la Tellière ; elle commence sur la première page par ces mots : *peuple appartiendront au vainqueur* et finit par ceux-ci : *ils seront également payés sur leurs déclarations;* la deuxième page commence ainsi : *tout citoyen quelqu'il soit*, et finit par ceux-ci : *auront aussi le prix;* sur la marge de cette dernière page, est écrit d'une autre main que celle qui a écrit le contexte des deux pages, cette adresse : *Menou, aux boulevards Montmartre, numéro 29 ou 39.*

Il est observé que dans cette adresse, entre ce mot boulevard et celui Montmartre, ceux-ci, *ont pris du premier,* ont existé, mais ils sont rayés d'un trait de plume. Cette pièce est cottée 55, et paraphée comme les précédentes.

Les pièces relatives à Darthé, sont :

La première de la première liasse desdits papiers est écrite sur le recto d'un quarré de papier, contenant les adresses de Jorquaux et Fontaine, comme hommes propres au commandement ; elle est cottée 1ere. et paraphée comme les précédentes.

La deuxième pièce de ladite première liasse est écrite sur partie d'un recto d'un quarré de papier, elle commence par ce mot : *l'arsenal*, et finit par ceux-ci : *ex-capi-taine de cannoniers.* Cette pièce est cottée 2e. pièce et paraphée comme les précédentes.

La troisième pièce de ladite première liasse, est pareille-ment écrite sur le recto d'un quarré de papier, elle com-mence ainsi : *bon conseil*, et finit par ces mots : *toute sa compagnie.* Cette pièce est cottée 3e. pièce et para-phée comme les précédentes.

La quatrième est, aussi écrite sur un quarré de papier, elle commence ainsi : *bonnet rouge*, et finit par ces mots : *Hôtel Mayence*. Elle est cottée 4e. pièce et paraphée comme les précédentes.

La cinquième pièce de ladite première liasse commence par ces mots : *Brutus*, et finit ainsi, *du Saumon, No. 18*. Elle est écrite sur le recto d'un quarré de papier, elle est cotée 5e. pièce, et paraphée comme les autres.

La dixième pièce de ladite première liasse est un quarré de papier, sur lequel est une adresse rayée, mais il y a ces mots : *fauxbourg Montmartre*. Cette pièce est cotté 10e. pièce et paraphée comme les précédentes.

La quatorzième pièce de ladite première liasse est écrite sur le recto d'un quarré de papier, elle commence par ce mot *Graviliers*, et finit par ceux-ci : *et propres à commander*. Cette pièce est cottée 17e., et paraphée comme les précédentes.

La quinzieme pièce de ladite première liasse est aussi écrite sur le recto d'un quarré de papier, elle commence ainsi *homme armé*, et finit par ceux-ci : *Canonier démocrate énergique*. Cette pièce est cottée 15e. et paraphée comme les précédentes.

La seizième pièce de ladite première liasse écrite sur le recto d'un quarré de papier, elle commence par ces mots : *Lepelletier*, et finit par ceux-ci : *et en garde française*. Cette pièce est cottée 16e. et paraphée comme les précédentes.

La dix-septième pièce de ladite première liasse est aussi écrite sur le recto d'un quarré de papier, elle commence par ce mot *Lombard*, et finit par ceux-ci *ci-devant grand*

grand Monarque. Cette pièce est cotée 17e. et paraphée comme les précédentes.

La dix-huitième pièce de ladite première liasse est aussi
écrite sur le recto d'un quarré de papier, elle commence
par ce mot : *marche*, et finit par ceux-ci : *Linger,*
ex-commissaire des guerres. Cette pièce est cotée
18e., et paraphée comme les précédentes.

La vingt-deuxième pièce de ladite première liasse est
aussi écrite sur le recto d'un quarré de papier, elle commence par ce mot : *Piques*, et se termine par ceux-ci :
brave et très capable de commander une
compagnie. Elle est cotée 22e., et paraphée comme
les précédentes.

La vingt-quatrième pièce de ladite. première liasse est
pareillement écrite sur le recto d'un quarré de papier elle
commence par ce mot : *République*, et finit par ceux-ci :
excellent pour commander tout un arrondis-
sement. Cette pièce est cotée 24e., et paraphée comme
les précédentes,

La vingt-septième et dernière pièce de ladite première
liasse est également écrite sur le recto d'un quarré de papier ;
elle commence par ce mot : *Thuilerie*, et finit par ceux-
ci, *Tailleur, bon à la tête*. Cette pièce est paraphée
comme les précédentes, et cotée 27e.

La neuvième pièce de la deuxième liasse des mêmes papiers
est écrite sur trois pages d'une feuille de moyen papier,
formée par une demi-feuille de grand papier ; la première
page commence ainsi : *instruction principale sur ce*
qu'il faut faire et finissant par ceux-ci, *les hommes*
libres ; la deuxième page commence par ces mots : *ainsi le*

Généraux, finissant par ceux-ci, *conduire à son poste pour*; la moitième page commence par ceux-ci, *y être jugé*, et finit par les deux 15; or. ef. Cette pièce est cotée 9, et paraphée comme les précédentes.

La neuvième pièce de la sixième liasse desdits papiers est écrite sur un quarré de papier, elle est ainsi conçue; *égalité, liberté, bonheur commun. Paris, 14 floréal, quatrième année de la République. Le Directoire insurrecteur de salut public, aux Agens des douze arrondissemens*; elle est cotée 9e., et paraphée comme les précédentes.

La vingt-unième pièce de ladite sixième liasse, comprend une feuille de petit papier à la Tellière; le recto du 1er. feuillet écrit, à peu-près au quart, commence par ces mots: *ceux à qui les secours*, et finissant par ceux-ci, *Eh bien! il faut savoir les consolider*; le surplus de cette page, le verso de ce feuillet est blanc: sur le recto du second feuillet, sont huit lignes d'écriture, elles commencent ainsi: *dérogation aux principes*, et finit par ceux-ci: *des sentimens des objectans*. Cette pièce est cotée 21e., et paraphée comme les précédentes.

La treizième pièce de la septième liasse desdits papiers? écrite sur le recto et le verso d'une demi-feuille de papier à la Tellière; elle commence ainsi sur la première page; par ces mots: *de leurs habillemens*, et finissant par ceux-ci, *leur est essentiellement ordonné*. La deuxième page commence ainsi: *tous ceux qui ne se sont pas*, et finissant pas ceux-ci, *aucun agent des postes*. Cette pièce est cotée et paraphée comme les précédentes.

La quinzième pièce de ladite septième liasse, est écrite sur le recto d'une demi-feuille de papier à lettre : elle commence par ces mots : *le funeste effet que prod i-rait*, finissant par ceux-ci : *le mécontentement des officiers destitués*, etc. etc. Cette pièce est cotée 15e., et paraphée comme les précédentes.

La quarante-neuvième pièce de ladite septième liasse écrite sur le recto et partie sur le verso du premier feuillet d'une feuille de papier à la Tellière, à demi-marge, elle commence sur la première page par ces mots : *une motion sur les sociétés populaires*, et finit par ceux-ci : *circulaire du 19 germinal*. La seconde et dernière page commence ainsi : *que les f s. et les enfans y soient*, et finit par ceux-ci, *rapport du 24 germinal 5e. article*. Cette pièce est cotée 49e., et paraphée comme les précédentes.

La quatre-vingt quinzième pièce de ladite septième liasse est écrite sur le recto et le verso d'une demi-feuille de papier à lettre, elle commence sur la première page par ces mots, *Paris, le 9 germinal, G. Babeuf à Drouet. J'avais promis de l'écrire*; finissant par ceux-ci, *j'ai présumé que tu devais*, la seconde page commence ainsi : *éprouver ce que j'ai tâché,* et finissant par ceux-ci : *salut dé la démocratie*. Cette pièce est cotée 95e., et paraphée comme les précédentes.

La trente-quatrième pièce de la huitième liasse desdits papiers est écrite sur le recto et le verso d'une demie feuille de papier à la Tellière, la première page commence par ces mots : *tuer les c inq*, finissant par ceux-ci : *à une paix digne d'un grand peuple*. La deuxieme page commence par ces mots : *qui punit la royauté et les tyrans* , et finissant par ceux-ci : *la dépouille des ennemis*. Il est observé que sur les mots : *tuer les cinq* , premiere lignes de la 1ere. page, il a été tiré deux traits de plume, qui semblent être la derniere suite après le B ou paraphe de Baboeuf Cette piece est cotée 34e. et paraphée comme les précédentes.

Quant à la trente-cinquieme et derniere piece de cette liasse qui paraît faire suite à la précédente, son état a été précédemment décrit à la suite des pieces relatives à Buonaroti.

La troisieme piece de la quinzieme liasse desdits papiers est une chanson en cinq couplets, *sur l'air :* du vieillard républicain, commençant ainsi *défenseur de la liberté* et finissant par ceux-ci, *de sauver la patrie*. Cette piece est cotée troisieme, et paraphée comme les précédentes.

La quatre-vingt-deuxieme piece de la même liasse, laquelle paraît faire suite a la quatre-vingt-unieme, est écrite sur une demie feuille de papier commun, la premiere page commence ainsi, 505. *Carton, négociant, etc.*, et finissant par le No. 519. *Lacombe médecin à S. Antonin.* La deuxieme page commence par le No. 120. *Buchelard, horloger,* et finit par le No. 539 *Mathieu Voix.* Cette piece est cotée 82e., et paraphée comme les précédentes.

La quatre-vingt-troisieme piece de la même liasse qui paraît faire suite à la précédente, est aussi écrite sur le recto et le verso d'une demie feuille de papier commun, la premiere page commence par le numéro 540. *Laviron, Menuisier,* et finit par ceux-ci 559. *Alexandre*

Maysonnier. La deuxieme page commence ainsi, 580. *Pepeques, Secrétaire*, etc. et finit par ceci 580. *Xaver, Abraham*. Cette piece est cotée 55e, et paraphée comme les précédentes.

Les pieces relatives à Germain; sont:

La troisieme piece de la deuxieme liasse desdits papiers écrite sur un quarré de papier tout entier d'un côté, et seulement deux lignes de l'autre, elle commence ainsi, *Nous devons nous rendre chez Massart*, et finissant par ceux-ci, *c'est Rossignol qui nous l'annonce*. Cette piece est cotée troisieme, et paraphée comme les précédentes.

La quatrieme piece de la même liasse est une bande de papier sur laquelle sont huit lignes d'écriture, non compris la date en tête, *A Paris, ce seize floréal*, elle commence par ces mots, *je ne sais si vous êtes instruit*, et finit par ceux-ci, *Antonelle a eu connaissance de ces faits chez Vatar*. Cette piece est cotée 4e., et paraphée comme les précédentes.

La treizieme piece de ladite liasse est une demie feuille de papier à lettre, écrite seulement d'un côté, elle commence par ces mots, *j'ai vu ce matin Massard et Fion*, et finissant par ceux-ci, *je m'y rendrai etc.* Cette piece est cotée 5e., et paraphée comme les précédentes.

Il est observé que toutes ces pièces décrites au présent procès-verbal ont été paraphées, tant par le Juge qui a procédé aux interrogatoires des prévenus que par le commis-greffier.

Dont et de tout ce que dessus, j'ai, greffier susdit et soussigné, dressé le présent procès verbal, cedit jour, vingt-huit prairial, an quatre de la République, et au desir de la Loi précitée, signé toutes lesdites pieces, et aussi signé le présent.

Signé DENOUVILIERS.

DÉCLARATIONS

DES

TÉMOINS.

CEJOURD'HUI trois prairial, avant-midi, l'an IV de la République française, une et indivisible, je soussigné André Gérard, Juge, l'un des Directeurs du Jury d'accusation du canton de Paris, Département de la Seine réunis au Palais de justice, étant en mon cabinet, assisté du commis-greffier assermenté dudit Tribunal, aussi soussigné, ai reçu les déclarations des témoins ci-après nommés, appelés en vertu de la cédule par moi délivrée, le jour d'hier, sur les faits et circonstances qui sont à leur connaissance, au sujet du délit dont est question au procès-verbaux dressés contre les ci-après nommés et autres.

Contre les nommés Babœuf, Germain, Darthé et autres prévenus de conspiration contre la Constitution, le Gouvernement, autorités constituées, lesquels témoins ont fait leur déclaration ainsi qu'il suit :

1er.

Est comparu le citoyen Georges Grisel, etc. (1)

_____

(1) Voir la déposition au recueil de la procédure de Drouet.

(15)

Du neuf prairial, an quatre, avant midi,
pardevant nous, Directeur du Juri susdit,
assisté de Claude Debelle, commisgreffier.

2e.

Est comparu le cit. PIERRE MAILLARD, âgé de 41
ans, Marchand Peau ier, demeurant à Paris, rue du marché
Palu, section de la Cité, près le petit pont, numéro 14,
témoin assigné en vertu de notre cédule du jour d'hier,
par exploit d'Aubry, huissier du tribunal; en date dudit
jour d'hier, dont il nous a représenté la copie, lequel après
que nous lui avons eu déclaré les noms et qualités des
prévenus, et qu'il a déclaré n'être parent, allié, serviteur
ni domestique desdits prévenus; et après lui avoir fait lecture des pièces et déclarations relatives aux faits dont il
est présumé avoir eu connaissance.

Déclare qu'il n'a aucune connoissance des faits relatifs à
la conspiration, que ce qui peut, peut-être, avoir donné
lieu à l'appeler, c'est parcequ'il peut avoir dit à quelqu'ami,
que se trouvant par hazard, avec des personnes qui paraissaient être des généraux ou autres gens en place, chez le
cit. Frémanger, où il va quelquefois, il s'était aperçu que
ces gens s'occupaient beaucoup plus de leurs plaisirs et de
leurs intérêts que de travailler au bonheur du peuple,
mais que ces conversations qui l'ont quelquefois choqué,
ne lui point du tout donné à connaître qu'ils eussent des
projets de détruire la constitution ni le gouvernement; qu'il
lui serait impossible au surplus, de dire le nom des personnes
qu'il vient de désigner, attendu que ne les connaissant pas
et ne les ayant vu que pendant un repas, il n'a pu retenir
leurs noms et leurs qualités. Qui est tout ce qu'il a dit savoir.
Lecture à lui faite de sa déclaration, a dit icelle contenir

vérité; y a persisté, n'a requis salaire, et a signé avec nous et le commis-greffier.

Signé GERARD, MAILLARD et DEBELLE.

5e.

Est aussi comparu le citoyen FRANCOIS LECOMTE, âgé de cinquante-deux ans, menuisier, demeurant à Paris, rue du fauxbourg Antoine, numéro 24, division de Montreuil, témoin assigné en vertu de ladite cédule, et par ledit exploit dont il nous a représenté la copie, lequel, après que nous lui avons fait lecture des pièces susdites, a déclaré n'être parent, allié, serviteur ni domestique des prévenus, et ensuite,

Déclare qu'il a eu connaissance que dans le courant de la premiere décade de floréal dernier, le nommé Boudin, Tourneur, rue Marguerite, maison de Macon, cloutier a été accompagné des femmes Cottereau et Vacret, ses belles-sœurs, chez les citoyens Compagne et Formont, Marchands de bois, rue de Charonne, No. 134, et que là, il a acheté donze bâtons de jallons, pour la somme de quatre cents livres, qu'il a appris que ces jallons étaient destinés à porter des cartes portant: Constitution de mil sept cent quatre-vingt-treize. Que quelques jours après, qui était un samedi il a été acheter une demi-livre de clous chez le nommé Masson, cloutier, à ce qu'il croit, sans pouvoir l'assurer, lesquels clous devaient servir à attacher les pancartes sur les jallons. Que lesdits bâtons ont été livrés par Boudin à Vacret, fabricant de bas, rue Marguerite; que le même jour, samedi, lui comparant a entendu dire au nommé Naudin, sculpteur, même rue, No. 24, qu'un coup devait éclater avant deux fois vingt-quatre heures, que l'on commencerait par sonner le tocsin, et sonner de la trompette; ensuite qu'on se porterait sur toutes les autorités constituées,

à trois

à trois heures du matin, s'emparer de toutes les correspondances, créer un comité de salut public, dont les membres étaient déjà choisis, qu'on devait de suite, envoyer des couriers dans les Départemens : qu'il sait que Boudin a dit qu'on devait d'abord se porter à la tour de l'église Sainte-Marguerite, assassiner le nommé Bureau, garde de la Tour, en cas de résistance, afin de sonner le tocsin ; ensuite, aller assassiner Bernard, successeur de Réveillon, et Raffons, son principal ouvrier, l'un et l'autre comme président, et vice-président de l'assemblée primaire de vendémiaire dernier ; qu'on devait aussi assassiner Sellier, corroyeur, et Maison-Neuve, marchand-mercier, tous deux, rue du fauxbourg Antoine: qu'il a su le dix-huit floréal au matin, que Boudin avait dit que tout était brûlé ; que les auteurs du complot et particulièrement Vacret étaient fort tristes, et que le nommé Boudin en était malade. Que depuis la découverte du complot, il a entendu dire par des femmes qu'il ne connaît pas, qu'elles avaient parlé au général Rossignol, lequel suivant toute apparence, est caché dans le fauxbourg, qui est tout ce qu'il a dit savoir.

Lecture à lui faite de sa déclaration, a dit icelle contenir vérité. Y a persisté, a requis taxe et a signé avec nous et ledit commis-greffier.

Signé GERARD, LECONTE, DEBELLE.

Est comparu la cite. MARIE-MARGUERITE VOISIN, épouse dudit. Claude Lerat, menuisier en meubles, âgée de trente-quatre ans, demeurante rue Marguerite, numéro 26, témoin assignée par le susdit exploit dont elle nous a représenté la copie, laquelle après que lecture lui a été faite des pieces, a dit n'être parente, alliée, servante ni domestique des prévenus et ensuite.

B

Déclare qu'elle a appris par le nommé Naudin, sculpteur, demeurant rue Marguerite, numero 24 ; que le cit. Boudin, tourneur, rue Marguerite, avait été avec les femmes Cothe-reau, et Vacret, ses belles-sœurs, chez le cit. Formont et Compagnes, marchands de bois, rue Charonne numéro 134. acheter douze jallons, moyennant quatre cents livres ; qu'il avait arrangé ces jallons et les avait livrés au nommé Vacret, fabriquant de bas, susdite rue Marguerite ; que ces jallons étaient destinés à attacher des pancartes, portant ces mots : *Constitution de mil sept cent quatre-vingt treize ou la mort.* Que Naudin leur dit qu'on avait acheté demi-livre de clous pour attacher lesdites cartes sur les jallons, et que tout était tout prêt ; qu'on devait sonner le tocsin et les trompettes à trois heures du matin, qu'on devait monter dans la tour Marguerite, égorger le gardien nommé Bureau, ancien Suisse de ladite église s'il faisait résistance ; que Naudin a dit encore, qu'il y avait une liste de proscription, où étaient portés ceux qu'on devait assassiner ; que de ce nombre étaient les citoyens Besnard, successeur de Réveillon, son premier garçon, nommé Baffons, sellier, corroyeur, Maison Neuve, et la Voie-Pierre : qu'on devait se porter sur les autorités constituées, les remplacer par un comité de salut public dont les membres étaient nommés, et arrêter les correspondances ; ajoute la déclarante que ledit Naudin, est ensuite venu dire que le complot était éventé et le coup manqué ; que le même jour elle a vu plusieurs personnes du quartier affectées, et paraissant fort tristes ; que, quoique Naudin eut dit alors que les jallons et cartons étaient brûlés, elle croit qu'on aurait retrouvé le tout chez le nommé Cothereau. Dit encore la déclarante que le projet était tou-jours d'après Naudin, que les comités révolutionnaires de-vaient être rétablis en fonctions. Qu'on devait placer les jallons et cartons dans différentes rues, pour qu'on ne sut

pas d'où cela sortait, et qu'on les avait fait porter par des
citoyens qu'on aurait effrayés et contraints dans le fort du
mouvement. Que le jour qu'on a inséré dans les papiers pu-
blics que Rossignol était arrêté, Naudin a dit à la déclarante
que cela n'était pas vrai : que ledit Rossignol était caché
dans le fauxbourg. Ajoute enfin la déclarante, que samedi
dernier, Naudin lui a dit que le lendemain de l'arrestation
du nommé Boudin, deux particuliers étaient venus chez lui,
et avaient fait un don à son épouse, de dix-sept cents francs.
Que l'un avait donné douze cents francs, l'autre cinq cents
livres ; et que l'un de ces particuliers était Félix Lepelletier,
frère de Lepelletier de St. Fargeau qui avait été assassiné.
Que l'on faisait beaucoup de ces sortes de dons dans Paris.
Qui est tout ce qu'elle a dit savoir, lecture à elle faite de
sa déclaration, a dit icelle contenir vérité, y a persisté, n'a
requis salaire, et a signé avec nous et le commis-greffier.

Signé GERARD, VOISIN et DEBELLE.

Est aussi comparu le citoyen GABRIEL DESSALE, âgé de
53 ans, Grainier, demeurant rue Denis, au coin de la
rue du Ponceau, No. 53, section des amis de la patrie, témoin
assigné par le susdit exploit, dont il nous a représenté la
copie ; lequel après que nous lui avons fait lecture des
noms, âges, qualités et demeures des prévenus, a déclaré
n'être parent, allié, serviteur ni domestique d'aucuns d'eux
et après lecture des pièces du procès.

Déclare qu'il n'a aucune connoissance des faits relatifs à
la conspiration dont il s'agit, sinon qu'il sait qu'une femme
s'est présentée quelques jours avant l'arrestation de Breton,
marchand de vin, rue Guérin-Boisseau, chez le citoyen
Baptiste Oreste, marchand de vin, demeurant même rue,
maison de Dangon dit Barois, et que là, cette femme

croyant que le nommé Baptiste était ledit Baptiste Breton arrêté, lui demanda si les patriotes de 1789 étaient rassemblés, et que ledit Baptiste la conduisit chez ledit Breton, où il savait que plusieurs personnes se rassemblaient: elle y entra et y resta; qui est tout ce qu'il a dit savoir. Lecture lui faite de sa déclaration, a dit icelle contenir vérité, y a persisté, n'a requis salaire, et a signé avec nous et ledit Commis-Greffier.

Signé GÉRARD, DESSALE, DEBELLE.

Est aussi comparu le citoyen PIERRE MAZOT, âgé de trente ans, inspecteur de police, demeurant rue de la tonnellerie, N°. 629, section du contrat social, témoin assigné par le susdit exploit, dont il nous a représenté la copie; lequel après que lecture lui a été faite des noms, surnoms, âges qualités et pays de naissance des prévenus, a dit n'être parent, allié, serviteur ni domestique desdits prévenus, et après lecture à lui faite des pièces du procès dont il s'agit.

Déclare que le Bureau central instruit qu'il se tenait des rassemblemens de gens mal intentionnés dans un cabaret tenu par Jean-Baptiste Breton, marchand de vin, rue Guerin-Boisseau, N°.. .il fut chargé de suivre un particulier nommé Aubri qui avait des connaissances sur ce rassemblement; que dans la saisie du 25 floréal dernier, il fut d'abord avec ledit Aubri, dans un cabaret, rue et en face du temple, avec un nommé Drouin, ex-légionnaire qu'Aubri connoissait pour être un des individus qui assistaient aux rassemblemens. Qu'arrivés audit cabaret, ils y burent une bouteille de vin qui fut payée par Aubri; que Drouin dit à lui déclarant qui passait pour un légionnaire licencié, d'être tranquille, qu'on verrait à pourvoir à ses besoins et à ceux de ses camarades. Qu'ils sortirent ensemble dudit cabaret?

pour aller chez Baptiste Breton, marchand de vin, rue
Guerin-Boisseau, à la porte duquel Drouin les quitta en
disant qu'il allait en un cabaret, rue Denis; qu'Aubri et le
déclarant étant entrés chez ledit Breton, ils ne trouvèrent
que la femme Breton qui, après s'être informée si on pouvait
compter sur lui déclarant, et sur la réponse affirmative
d'Aubri, elle leur dit qu'on était rassemblé dans un cabaret,
rue Denis, en face des Filles-Dieu. Qu'avant de sortir de
chez ladite femme Breton, elle leur dit que son mari était
fort gai, et que si son mari avait la lâcheté de reculer,
elle irait à sa place; qu'Aubri et lui déclarant furent ensuite
au cabaret indiqué, rue Denis; qu'ils y trouvèrent un nommé
Monnard, chappelier, demeurant dans la même rue, la
nièce dudit Monnard, une jeune personne petite et rousse
appelée Sophie Lapierre, le nommé Drouin, un nommé
Mauroi et environ sept à huit autres personnes; qu'ayant
été annoncé par Drouin, il reçut un très-grand accueil en
arrivant; que la conversation roula sur l'espoir de jouir
bientôt d'un meilleur sort, et que la cupidité des marchands
serait abbatue; que la fille Lapierre était la plus animée
de tous, tenait les propos les plus violens, porta plusieurs
toasts à la révolution que l'on comptait opérer, animait
surtout un nommé Lavigne, vêtu d'une houppelande grise
avec un colet tigré, et qui paraissait en relation intime
avec elle; que lui déclarant ayant dit à cette société qu'il
était avec six de ses camarades dans une chambre, rue de
la Tonnellerie, ils se trouvaient tous dans le plus pressant
besoin, et hors d'état de sortir, n'ayant que leurs habits
uniformes. Que sur cet exposé, Monnard lui donna un
morceau de pain d'environ trois livres et demie et deux
cents livres en deux assignats de cents francs chacun, en
lui disant de tranquiliser ses camarades, et qu'avant peu

ils jouiraient d'un sort plus heureux. Que ledit Monnard proposa à Lavigne de céder à lui déclarant le lit que ce Lavigne occupait dans la maison dudit Monnard, mais que Lavigne s'y refusa; que vers les neuf heures du soir, ils se retirèrent, après que ledit Monnard eut donné rendez-vous à lui déclarant et à Aubri, pour diner dans un cabaret, rue Martin, à l'enseigne du *Fort-Samson*; Que le lendemain vingt-six floréal, il se rendit avec Aubri, entre neuf et dix heures du matin, chez le nommé Drouin, logé chez le nommé Martin, ancien porte-clef des magde-lonnettes, dans une petite rue, en face de la porte du Temple. Qu'ils descendirent et furent dans un cabaret en baraque, enclos du temple, où Martin les rejoignit; qu'ayant observé audit Martin, dans le cours de la conversation, qu'ils étaient bien peu de légionnaires à Paris, Martin leur dit qu'une fille logée dans le ci-devant couvent S^e. Elizabeth, en avait enrôlé plus de deux mille; que vers le midi, Aubri et lui déclarant allèrent quarré Martin, pour rejoindre les autres à l'endroit indiqué, c'est-à-dire au cabaret du *Fort-Samson*, qu'arrivés là, ils trouvèrent le cabaret fermé; après avoir frappé différentes fois, sans qu'on leur ouvrit, ils examinerent les environs, pour voir s'ils n'ap-percevraient personne, qu'alors ils découvrirent sur la chaussée, Monnard et Lavigne; que ce dernier portait du pain sous sa houppelande; que lesdits Lavigne et Monnard lui dirent de se rendre chez Bapliste Breton, rue Guerin-Boisseau, ce qu'il firent après que ledit Lavigne les eût chargés du pain qu'il portait; qu'arrivés là, ils y furent presqu'aussitôt rejoints par Lavigne et Monnard. Que la fille Lapierre, nièce de Monnard y arriva aussi, apportant un ragoût de veau, qu'ils dînèrent dans ledit cabaret avec ledit Monnard, sa nièce, Drouin et Mauroi. Que pendant le dîner, ayant demandé des nouvelles à Monnard, il leur répondit que lui et Mauroy avaient été chez le général, (ce qui s'entendait de Rossignol dont on avait parlé la veille) que voyant qu'il voulait temporiser, ils lui avaient dit que le peuple se lassait d'attendre, et qu'il voulait que cela finît dans la journée du lendemain, ne lui laissant au surplus que la liberté de fixer l'heure, et que le soir il fallait se rendre au même endroit pour y souper et ensuite porter des fusils au fauxbourg Antoine. Ayant insisté dans ce repas pour avoir un autre habit que celui qu'il portait, et qu'il supposa être pressé de rendre, on lui promit de lui en donner un, et de suite ledit Monnard chargea sa nièce de lui en aller chercher un, ce qu'elle fit et lui apporta un habit de gragrame verd, doublé pareil. Qu'ils se quittèrent vers les une heure et demie, avec promesse de se réunir au même endroit, à cinq heures et demie ; qu'ils y revinrent effectivement à l'heure indiquée, ils y soupèrent avec Monnard, Lavigne, Drouin, Mauroi et la fille Lapierre qui leur avait apporté une omelette sur un plat de lentilles, que pendant le souper, il vint environ une quarantaine de leurs affiliés, dont il ignore les noms et dont plusieurs burent un coup de vin, mais sans souper. Qu'ayant demandé à Monnard ce qu'il y avait à faire pour le lendemain, et lui ayant aussi parlé des fusils qui devaient être transportés, Monnard dit sur ce dernier objet, que c'était une affaire faite, parcequ'on s'était arrangé de manière à ne point exposer ceux qui les porteraient à être arrêtés par les corps-de-garde ; qu'au surplus ils eussent à se trouver avec leurs six camarades au cabaret portant l'enseigne du *tambour*, fauxbourg Antoine, à sept heures du matin, et qu'avant de se quitter, ayant encore parlé de l'état de détresse où se trouvaient ses prétendus camarades, Monnard lui remit ce qui restait de pain pesant

environ deux livres et demie, et deux cent francs en plusieurs petits assignats. Que Monnard leur dit que le lendemain on se disperserait dans plusieurs cabarets afin de ne
pas faire masse, et qu'au moment où il entendraient crier
les mots de liberté, on verrait descendre le camp de Vincennes
avec lequel on se mêlerait, et qu'alors se ferait la distribu-
tion des armes; qu'ils se quitterent vers les neuf heures
et demie, après avoir bu encore une bouteille de vin, à
l'issue du souper. Que le lendemain il se rendit au rendez-
vous indiqué, accompagné de six hommes, qui étaient sensés
être les six légionnaires par lui annoncés, que lui Monnard
leur dit de suivre la consigne de la veille, qui était de se
disperser dans différens cabarets, ce qu'ils firent, mais qu'alors
les différentes arrestations faites, ayant dispersé les conjurés, lui répondant ne donna plus de suite à ses observations, ajoute qu'il a oublié de dire que Aubri l'avait instruit que Drouin avait reçu dudit Monnard une houppelande de bize grise, un gilet de gragrame pareil à l'habit
donné à lui répondant, et un pantalon d'étoffe rayée, et
qu'on lui avait échangé son chapeau d'uniforme contre un
chapeau rond ; ajoute encore que la femme du nommé
Martin, était instruite du projet qu'on méditait, car lorsqu'elle le vit avec Aubry, le jour où ils bûrent avec Drouin,
en face du temple, elle demanda audit Aubry si lui déclarant était des leurs.

Avons représenté au déclarant l'habit de Gargrame verd,
doublé pareil sur les devants, quatre cents francs en assignats,
un pain entier d'environ trois livres et demie, un peu enta-
mé et un morceau de pain d'environ deux livres et demie,
ayant deux bandes de papier en croix, sur chacun, et ca-
chetés en cire rouge, ensemble un pistolet faisant partie des
objets à conviction, déposés au greffe.

Le déclarant

Le déclarant a dit qu'il reconnaît l'habit, les assignats et les morceaux de pain pour être les mêmes qui lui ont été remis par Monnard, ainsi qu'il l'a expliqué dans sa déclaration, mais qu'il ne reconnaît pas le pistolet.

Ce fait, les bandes étant sur les pains, ont été paraphées du déclarant seulement, l'ayant été de nous précédemment. Les assignats n'ont point été paraphés, attendu qu'ils ont cours de monnaie nationale.

Qui est tout ce que le déclarant a dit savoir, lecture à lui faite de sa déclaration, a dit icelle contenir vérité, y a persisté, n'a requis salaire, et a signé avec nous et ledit Commis-Greffier,

Signé GERARD, MAZOT et DEBELLE.

Dudit jour, neuf heures du soir.

7e.
Est aussi comparu le cit. Henri-Louis Naudin, âgé de quarante-deux ans, sculpteur en bois, demeurant à Paris, rue Marguerite, numéro 24, témoin assigné, en vertu de notre cédule de ce jourd'hui, et par exploit dudit jour . . . . . . huissier, dont il nous a représenté la copie; lequel, après que nous lui avons eu donné connaissance du sujet de ladite citation, a dit n'être parent, allié, serviteur ni domestique, des prévenus, et ensuite,

Déclare que plusieurs jours avant le découverte de la conspiration, le nommé Boudin, tourneur, susdite rue Marguerite, qu'il voyait fréquemment par des rapports de travaux de leur profession, lui dit que dans quelques jours il éclaterait un grand coup; qu'il existait un comité de salut public dont Babeuf faisait partie, qu'il s'agissait de renverser la constitution actuelle, et de rétablir celle de 1793; de détruire le Gouvernement, les deux Corps législatifs et les Autorités constituées; que le jour où cela arriverait, on s'emparerait de la Tour de Sainte-Marguerite pour sonner le tocsin; qu'on sonnerait aussi de la trompette et que ces deux signaux annonceraient qu'ils avaient réussi, mais que si on battait la générale, ils ne faudrait pas qu'ils sortissent; que les membres du comité de salut public et l'état-major étaient déja nommés; que le général Rossignol en était; qu'on devait s'emparer des correspondances, s'emparer des Barrières, rétablir les comités et le gouvernement révolutionnaire; que le coup aurait lieu dans tous les départemens en même tems. Que Vacret, fabriquant de bas, Cozin, ci-devant employé dans les bureaux de la grosse Artillerie, Cothereau, fabriquant de bas, beau-pere de Vacret, étaient du complot qu'il sait que Boudin avait acheté des nommés Formont et Compagne, Marchands de bois, rue Marguerite, des perches et pour avoir vu de sa croisée sortir lesdits marchands de bois, où ledit Boudin avait été avec la femme Vacret, qu'ayant vu depuis lesdites perches arrangées en forme de jallons, chez ledit Boudin: celui-ci lui dit qu'elles étaient destinées à porter des planches sur lesquelles seraient des placards portant ces mots: *Constitution de* 1793. Que, depuis la découverte de la conspiration, Boudin lui a dit que lesdits jallons et planches avaient été cassés chez Cothereau; ajoute que ledit Boudin lui avait donné plusieurs fois à lire des journaux de Babeuf; que lui déposant présume que Boudin tenait de Vacret ou de Cothereau; lesquels journaux étaient contre le Gouvernement. Que Boudin lui avait dit aussi qu'il existait une liste de proscription dans laquelle se trouvaient compris les citoyens Benard, Baffons, son premier ouvrier, sellier, et Maison-Neuve, marchands, Grande rue du fauxbourg Antoine, et qu'on devait aussi assassiner Bureau, gardien de la Tour, dans le

as où il ferait résistance. Enfin, qu'il ex... ta... .
patriotes qu'on devait employer. Que Cothereau qui ...
fort au fait de toute cette conspiration, dit à la femme de
lui déclarant, *vous seriez bien étonnée, si on
apportait un fusil et un sabre à votre mur*;
sur quoi, lui déclarant dit qu'il ne s'en souciait pas, n'étant
point dans le cas d'en faire usage; qu'il a entendu dire encore
par Boudin avant son arrestation, qu'il y avait quatre généraux
de cachés dans le fauxbourg Antoine, et que Rossignol en
était un; que, depuis l'arrestation de Boudin, il a su par la
femme de ce dernier qu'un particulier, à elle inconnu, lui
avait donné une somme, en disant que c'était pour avoir
des sabots à ses enfans, en lui ajoutant qu'il était instruit
du malheur arrivé à son mari. Qu'il a fait la déclaration de
tout ce qu'il vient de nous déclarer à des personnes sûres
et honnêtes qui n'auront sûrement pas manqué d'en faire
leur rapport, qui est tout ce qu'il a dit savoir.

Lecture à lui faite de sa déclaration, a dit icelle contenir
vérité, y a persisté, n'a requis salaire et a signé avec nous,
et ledit commis-greffier.

Signé GERARD, NAUDIN et DEBELLE.

Du onze prairial, an quatre de la
République, heure de midi.

8e.

Est comparu le citoyen GASPARD-ARNOUD-TESSIER
COTHEREAU, âgé de trente-six ans, Md. de toile, demeurant rue de la Commune, à Versailles, témoin assigné, etc. (1)

9e.

Est aussi comparu le cit. Jean-Nicolas Barbier, âgé de
cinquante ans, Commissaire des guerres, demeurant aux
Petites-Ecuries à versailles ; témoin assigné, etc. (2).

(1) Voir l'instruction personnelle à Drouet.
(2) Idem.

Du douze prairial, an 4ᵉ.

Est comparu le cit· JEAN BOUCHER, âgé de vingt-neuf ans, cordier, demeurant à Paris, rue du fauxbourg Jacques, numéro 267, témoin assigné, en vertu de notre cédule du jour d'hier, par exploit d'Aubry, huissier du Tribunal, du même jour dont il nous a représenté copie: lequel, après que nous lui avons eu donné connaissance de l'objet de ladite citation, a déclaré n'être parent allié, serviteur, ni domes‑ tique des prévenus; ensuite,

Déclare qu'il n'a aucune connaissance particulière des faits relatifs à la conspiration dont il s'agit, si ce n'est que le vingt-sept floréal, il est parti à sept heures du matin, pour se rendre au fauxbourg Antoine avec cinq autres par‑ ticuliers et le cit. Mazot, parcequ'ils savaient qu'il y avait dans un cabaret à l'entrée de la grande rue dudit fauxbourg à gauche, un particulier à qui ils avaient été annoncés comme des gendarmes licenciés, et qui avait déjà fourni du pain et des fonds pour les substances, sur ce qu'on lui avait dit qu'ils étaient cachés et dans le besoin; que ceux avec qui lui décla‑ rant était venu, entrerent dans le cabaret et y déjeûnèrent avec le particulier en question, qu'il a su depuis se nommer Monnard, chapelier, rue Denis, et un autre individu nommé Drouin, légionnaire licencié, que quand le déjeûné fut fini, Monnard sortit, fit plusieurs courses dans le fauxbourg Antoine, s'accosta de beaucoup de personnes, au nombre de plus de cinquante, et avec lesquelles il tenait de courtes conversations; qu'il alla avec eux alternativement dans plusieurs cabarets, notamment dans les rues de Charenton, de St, Ni‑ colas et Ceririe, à l'écharpe nationale et dans un autre ca‑ baret, derrière le petit corps-de-garde de la porte Antoine près le boulevard. Que dans l'après diné du même jour, il fit le même manège que le matin ; que lui déclarant le vit prendre sur la chaussée un homme en houpelande par dessous le bras, l'attirer avec précipitation sous une porte cochère, tira de sa poche des assignats ou papiers qu'il lui donna ; qu'il le vit les trois jours suivans faisant absolument les mêmes démarches, allant toujours par bandes de cinq à six, et fréquentant les mêmes cabarets, caffés ou tabagies. Ajoute que le vingt-sept floréal, étant repassé d'après dîné à St. Antoine au Bureau-Central, il y vit la femme Mennard qui y était arrêtée, et à laquelle il entendit tenir des propos très-animés, qu'on lui observa qu'elle ne devait pas tenir ; sur quoi elle répondit, qu'elle s'en mocquait, et que c'était dans son cœur et dans sa tête, qui est tout ce qu'elle a dit savoir. Lecture à lui faite de sa déclaration, a dit icelle contenir vérité, y a persisté, n'a requis salaire et a signé avec nous et le commis-greffier.

Signé GERARD, BOUCHE, DEBELLE.

Du 13 prairial, an 4, devant nous Directeur du Juri susdit, assisté comme dit est.

11e.

Est comparu le cit. NICOLAS BENOIT Clément, âgé de trente ans, jardinier, demeurant rue de la Santé, No. 5, section de l'Observatoire, témoin assigné en vertu de notre cédule du onze de ce mois, par exploit de Aubri, huissier en date du même jour, dont il nous a représenté la copie lequel après que nous lui avons fait lecture des pièces relatives à la conspiration dont il s'agit, et qu'il a dit n'être parent, allié, serviteur ni domestique des prévenus.

Déclare qu'il n'a aucune connoissance des faits relatifs à la conspiration découverte ; qu'il n'a vu ni connu aucun de ceux qui y sont impliqués ; qu'il avait été requis le soir du vingt-six floréal, pour aller le lendemain matin, arrêter des particuliers au fauxbourg Antoine, qu'il s'y est rendu mais que n'ayant point reçu d'ordres pour lesdites arrestations, elles ne se sont point effectuées, et est tout ce qu'il a dit savoir. Lecture à lui faite de sa déclaration, a dit icelle contenir vérité, y a persisté, a requis salaire et a signé avec nous et le Commis-Greffier.

Signé GÉRARD, CLÉMENT et DEBELLE.

12e.
Est aussi comparu le cit. PIERRE GALOPIN , âgé de trente-trois ans, tonnelier, demeurant rue Jacques , No. 274, section de l'observatoire, témoin assigné en vertu de la même cédule, par l'exploit susdaté, dont il nous a représenté la copie, lequel après que lecture lui a été faite des pièces concernant la conspiration dont il s'agit , et qu'il a dit n'être parent, allié, serviteur ni domestique d'aucuns prévenus.

Déclare qu'il fut requis le 26 floréal dernier pour prêter main-forte, à l'effet de faire des arrestations dans le faux-bourg Antoine, que ces arrestations n'ayant pas eu lieu, il s'est retiré ; qui est tout ce qu'il a dit savoir. Lecture à lui faite de sa déclaration, a dit icelle contenir vérité, y a persisté, a requis salaire, et a signé avec nous et le Commis-Greffier.

Signé GÉRARD, GALOPIN, DEBELLE.

Est aussi comparu le cit. ANDRE BRUNMILLER , âgé de trente-sept ans, Inspecteur de police, demeurant à Paris, rue et cloître Benoît, No. 572 , témoin assigné par le susdit exploit, dont il nous a représenté la copie, après lui avoir donné connaissance des faits pour lesquels il a été appelé devant nous, a dit n'être parent, allié, serviteur ni domestique des parties.

Déclare qu'il n'a aucune connaissance des faits dont il

s'agit, si ce n'est qu'il a été requis avec plusieurs autres
le 26 Floréal dernier, au soir, pour y prêter main-forte
s'il y avait lieu à quelques arrestations : qu'étant dans ledit
fauxbourg, il a vu des particuliers que le nommé Mazot
lui a dit être des chefs de l'insurrection projettée , qui se
parlaient, se donnaient la main, allaient et venaient dans
ledit fauxbourg; mais que n'ayant reçu aucun ordre de les
arrêter, il s'est retiré; qui est tout ce qu'il a dit savoir.
Lecture à lui faite de sa déclaration, a dit icelle contenir
vérité, y a persisté, n'a requis salaire et a signé avec nous
et le Commis-Greffier.

Signé GERARD, BRUNMILLER et DEBELLE.
14e.
Est aussi comparu le cit. FRANÇOIS SÉDARE, âgé de
trente-six ans, employé à la police, demeurant à Paris,
rue Moufferard , N°. 405, section des Plantes, témoin assigné par le susdit exploit, dont il nous a représenté la copie
lequel, après que nous lui avons eu donné connoissance
du sujet pour lequel il a été assigné, et qui a dit n'être
parent, allié, serviteur ni domestique des prévenus.

Déclare qu'il n'a aucune connoissance de faits dont il
s'agit, si ce n'est que le citoyen Mazot l'avait conduit avec
plusieurs autres, le vingt-six floréal dernier, à l'effet de
faciliter des arrestations de gens suspects de participation
à la conspiration découverte, qu'il est entré dans un cabaret
dudit fauxbourg Antoine; où étant, Mazot prit la main
d'un particulier qui lui demanda : eh bien! avez-vous là tout
votre monde, à quoi il lui répondit : oui les voilà qui me
suivent. Qu'un moment après, Mazot dit à lui déclarant
que celui auquel il avait donné la main, était un des sous-
chefs de la conspiration, mais qu'ils ne reçurent aucun ordre
de faire les arrestations projettées; qui est tout ce qu'il a

dit savoir. Lecture à lui faite de sa déclaration, a dit icelle
contenir vérité, y a persisté, n'a requis salaire et a signé
avec nous et ledit Commis-Greffier.

Signé GERARD, SEDARD et DEBELLE.

15e.

Est aussi comparu ledit. François-Joseph NAUTEILLE, âgé
de cinquante ans, ci-devant tapissier, actuellement portier,
rue Dominique-d'Enfer, numéro 8, section de l'Observatoire, témoin assigné par le susdit exploit dont il nous a représenté la copie, lequel après que nous lui avons eu donné
connaissance des faits pour lesquels il a été appelé devant
nous, et qu'il a déclaré n'être parent, allié, serviteur, ni
domestique des prévenus,

Déclare qu'il a été requis le vingt-six floréal dernier de se
transporter au fauxbourg Antoine pour faire des arrestations,
qu'il est entré dans un cabaret avec le cit. Mazot : que celui-
ci a pris la main d'un particulier qui lui a demandé si ses
hommes étaient là, qu'il lui répondit que oui ; ensuite,
Mazot a dit à lui déclarant et à ses camarades que ledit particulier était un des sous-chefs de la conspiration : que n'ayant
reçu aucun ordre de faire les arrestations dont on leur
avait parlé, il s'est retiré, qui est tout ce qu'il a dit savoir. Lecture à lui faite de sa déclaration, a dit icelle contenir vérité,
y a persisté, a requis salaire et a signé avec nous et ledit
commis-greffier.

Signé GERARD, NAUTEUILLE et DEBELLE.

Du quatorze dudit mois et an.

16e.

Est aussi comparu ledit. Guy-Louis-Henri VALORY, adju-
dant-général, chef de brigade, attaché au camp de Grenelle,
âgé de trente-neuf ans, demeurant à Vaugirard, maison de
la Gendarmerie

la Gendarmerie, témoin assigné, en vertu d'une cédule par nous délivrée le . . . . . et par exploit dudit jour dont il nous a représenté la copie, lequel, après que nous lui avons eu fait lecture des pièces relatives a la conspiration dont il s'agit, et aux faits dont il est présumé avoir connaissance, et qu'il a dit n'être parent, allié, serviteur ni domestique d'aucun des prévenus.

Déclare que vers le dix ou le douze floréal dernier, il a été accosté au Jardin Égalité, par deux citoyens dont l'un se nomme Lefranc, architecte, ci devant capitaine des canoniers de la section des Tuileries, et l'autre se disant renvoyé de la veille, des Bureaux du Ministère de la police, en qualité de chef.

Que ledit Lefranc lui demanda s'il était toujours patriote, et s'il savait ce qui se préparait : qu'un mouvement terrible devait avoir lieu dans la huitaine ; qu'il y aurait beaucoup de sang de répandu : que le Gouvernement et les Conseils seraient anéantis et la constitution de mil sept cent quatre-vingt-treize, la seule qui put sauver le peuple proclamée. Lui déclarant lui ayant observé que les groupes ne donnaient pas à présumer comme d'ordinaire que ce mouvement fût si prochain ; à quoi Lefranc lui répondit que c'était le silence même du peuple qui rendait l'événement plus certain. Que cent mille patriotes relégués dans les galetas, couchés sur la paille et mourants de faim, attendaient le signal de l'exécution ; qu'il y en avait six cents à Versailles, prêts à la seconder puissamment ; a ajouté que les membres du Directoire, principalement le cit. Carnot, étaient des royalistes déguisés ; lui déclarant lui ayant observé qu'il ne serait pas témoin de ce mouvement, parcequ'il attendait un ordre du Gouvernement pour partir de Paris incessamment, lefranc lui assura que le mouvement aurait lieu dans la huitaine ;

C

que lui déclarant en serait témoin, et qu'il viendrait lui-même le chercher à sa demeure. Le déclarant lui ayant dit qu'il irait au camp de Grenelle à son poste, Lefranc lui répliqua qu'on comptait sur le patriotisme de lui déclarant pour déterminer les troupes à se déclarer pour la constitution de mil sept cent quatre-vingt-treize, et demanda à lui déclarant sa demeure qu'il fit prendre au crayon par son camarade. Que Lefranc a dit au déclarant qu'il avait vu la veille le général VACHOT ; qu'il l'avait cru changé, mais qu'il fut rassuré lorsque VACHOT lui dit en parlant de l'affaire de la Légion de Police qu'ils avaient tous été cachés ; mais que lui Lefranc ne quitterait pas le lendemain le général VACHOT; ajoute le déclarant que le lendemain sur les onze heures du matin, il a rencontré dans la rue Honoré près la rue de l'échelle, les deux mêmes particuliers armés de sabres, l'air fort agités, et qui lui ont demandé ce qu'il y avait de nouveau ; que lui déclarant a demandé à son tour s'ils persistaient à croire le mouvement dont ils lui avaient parlé la veille, aussi prochain : sur l'affirmation, lui déclarant les a engagés à se désister d'un tel projet, le voyant destructif de la liberté et favorable à la monarchie, et les a quittés ; qui est tout ce qu'il a dit savoir. Lecture à lui faite de sa déclaration, a dit icelle contenir vérité, y a persisté, n'a requis salaire, et a signé avec nous et le Commis-Greffier.

Signé GERARD, VALORY et DEBELLE.

17ᵉ.

Du vingt-neuf prairial, an quatre, pardevant nous Directeur du Juri susdit, assisté dudit Claude Debelle commis-greffier.

Est aussi comparu la cᵉ. ANNE MARTIN, épouse de JACQUES TISSOT, tailleur d'habits ; elle âgée de vingt-huit ans, demeurante rue de la Grande-Truanderie, nᵒ. 21, division du

Contrat-social, témoin assignée en vertu de notre cédule du vingt-sept de ce mois, par exploit d'Aubry, huissier du Tribunal, en date du vingt-huit, dont elle nous a représenté la copie. Laquelle copie, après que lecture lui a été faite des noms, âge, qualité, pays de naissance et demeures des prévenus; a dit n'être parente, alliée, servante ni domestique des parties, si ce n'est qu'elle est l'épouse du cit Tissot, chez lequel logeait et a été arrêté le nommé Babeuf.

Et après que lecture lui a été par nous faite des arrêtés du Directoire exécutif, du dix-neuf floréal et autres pièces et déclarations étant au procès.

Déclare qu'il y avait environ quinze jours ou trois semaines que Babeuf était venu occuper chez eux une chambre où il a été arrêté, parceque sachant qu'il était obligé de sortir de chez lui, elle déclarante qui le connaissait depuis longtems, lui avait offert une chambre chez elle; que pendant cet intervalle, il a découché quelquefois, qu'il recevait quelques personnes qu'elle ne connaissait pas par leurs noms; qu'elle y a vu Buonarotti qui venait assez souvent, Darthé, Pillé, Didier; qu'elle connaissait aussi depuis long-tems Darthé, Germain; que les papiers qui se sont trouvés dans ladite chambre de Babeuf y ont été apportés successivement, et depuis qu'il y était lui-même; qu'à l'égard des imprimés renfermés dans la cassette et dans trois sacs saisis dans ladite chambre, ils y avaient été apportés cinq jours auparavant son arrestation, par des gens de peine qu'elle ne connaît pas, et qu'elle ignore d'où ils venaient ni où ils avaient été imprimés. Et sur la représentation que nous lui avons faite du cachet du comité de salut public insurrecteur, ainsi que des papiers saisis dans la chambre dudit Babeuf, a déclaré qu'elle les reconnaît pour les avoir vus dans la chambre dudit Babeuf lors des saisies qui en ont été faites, mais qu'elle n'en a eu

aucune autre connaissance particulière ; qui est tout ce qu'elle
a dit savoir. Lecture a été faite de sa déclaration, a dit icelle
contenir vérité, y a persisté, n'a requis salaire et a signé
avec nous et ledit Commis-Greffier.

Signé GÉRARD, Anne MARTIN, femme, Tissot,
DEBELLE.

1Se.

Est aussi comparu le nommé JEAN-BAPTISTE MEUNIER,
âgé de dix-neuf ans passés, chasseur au vingt-unième régiment et actuellement détenu à la maison d'arrêt de Bicêtre,
par suite du jugement rendu contre lui. Lequel témoin
a-signé par le susdit exploit, dont il nous a représenté la
copie, et pour être amené de ladite maison de détention par
l'huissier du Tribunal. Après que lecture lui a été faite
des noms, surnoms, âges, qualités pays de naissance et
demeure des prévenus, a dit n'être parent, allié, serviteur ni domestique desdits prévenus ;

Et après que lecture lui a été faite des arrêtés du Directoire
et autres pièces relatives à la conspiration dont il s'agit, et
sur les faits dont le comparant est présumé avoir connaissance.

Déclare qu'il y a environ quatre mois et demi, son régiment étant à Versailles, il eut occasion de faire connaissance
avec le nommé Blondeau, ex-légionnaire à la maison de dis-
cipline, appelée Bipaille, où ledit Blondeau était détenu pour
soupçon de manœuvres anarchiques ; que dans les confidences
particulières, Blondeau lui dit qu'il avait connaissance que
bientôt le Gouvernement actuel serait renversé ; qu'alors lui
Blondeau aurait une mission ; qu'il connaissait des personnes
qui s'occupaient de ce projet, et qu'il lui donnerait des

écrits provenants de ces personnes , et que quelque temsaprès ces premières confidences, ils sortirent tous deux de la chambre d'arrêt , et se lièrent plus particulièrement ensemble ; qu'alors Blondeau lui dit que pour réussir dans le projet dont il lui avait fait confidence , le meilleur moyen était de former une réunion, afin d'avoir des corresponnances avec ceux qui s'en occupaient à Paris et avec les corps. Qu'alors la réunion se forma et se tenait du côté de. . . . . sur une petite montagne en face. Que Blondeau présidait cette réunion ; qu'il leur assura qu'il existait un bataillon campé près de Paris qui avait un comité révolutionnaire et dont le parti était très-sur : que Félix Lepelletier devait venir présider l'assemblée de la Réunion qui se tenait à Versailles, afin d'y mettre de l'ordre et d'avoir une correspondance certaine en cas d'alerte: mais que lui déclarant ne l'y a pas vu. Qu'il sait parfaitement que Blondeau et quelques autres voyaient fréquemment ledit Lepelletier dit St. Fargeau , et ont mangé plusieurs fois chez lui à Versailles ; qu'il a porté lui déclarant dans cette assemblée de Versailles des papiers venant du comité insurrecteur de Paris , qu'il avait reçus d'une femme d'un certain âge, nommée Cloée , et qui était femme de service aux Bains-Chinois. Que cette même femme était fort au fait de ce qui se passait , et connaissait beaucoup de conjurés ; que ledit caffé des Bains-Chinois lui avait été indiqué par Blondeau, comme le lieu où il recevrait esdits papiers. Que le même jour où il alla aux Bains-Chinois, il fit rencontre du nommé Morel dans la rue de Chartres, où ledit Morel l'acosta ; et après être entré en pour-parler avec lui, il remit à lui déclarant des journaux de la même nature que ceux qui lui avaient déjà été remis aux Bains-Chinois ; qu'ayant désiré connaître le domicile dudit Morel , celui-ci le conduisit chez lui rue Thomas du Muséum, ci-devant aux écuries d'Orléans, où ledit Morel avait vu un dépôt de papiers; qu'il vit plusieurs fois ledit Morel chez lui, qu'il lui remit desdits papiers; et qu'un jour entr'autres, il lui montra une liste des conjurés des départemens et de ceux qui recevaient des imprimés du comité insurrecteur, sans néanmoins lui faire lire aucun des noms portés sur ces listes. Que Morel lui dit que si lui déclarant et sa société avaient quelques écrits à faire imprimer, qu'il s'en chargerait, parce qu'il connaissait l'imprimerie où les conjurés faisaient imprimer leurs journaux. Que depuis il fut encore aux Bains-Chinois où il reçut des imprimés de ladite Cloce dont il a déjà parlé; qu'il vit dans cet endroit des rassemblemens de gens vêtus en militaires, mais avec lesquels il n'eut pas de communication, attendu qu'il n'y avait pas assez de tems que lui déclarant y était connu.

Que vers le onze floréal, un brigadier de la ci-devant légion de police, et dont il ne se rappelle pas le nom, lequel fréquentait Félix Lepelletier, ainsi que Blondeau, remit à lui déclarant une lettre pour Pelletier-St.-Fargeau, laquelle était adressée rue de Carême-prenant, No. 21.

Qu'ayant apporté cette lettre à son adresse, il n'y trouva pas ledit Pelletier-St.-Fargeau. Qu'un homme qui demeurait rue de Carême-prenant, No. 21, au premier, homme assez mal bâti, lui remit l'adresse positive de Pelletier-St.-Fargeau, dans une rue près la place ci-devant royale; qu'il y fut et ne trouva pas alors ledit Pelletier chez lui, mais qu'il remit la lettre à un de ses confidens, homme de grosse corporance. Après l'avoir remis, il alla faire un tour et revint chez ledit Félix Lepelletier qu'il trouva chez lui; qu'à ce moment Lepelletier-St.-Fargeau lui dit qu'il suivait les traces de son frère; qu'il l'engageait lui déclarant à

beaucoup de discrétion; que s'il revenait chez lui, il eût à
n'y pas venir en habit militaire, cela pouvant donner quelque
soupçon: que quand il aurait quelque chose pour lui
Lepelletier, qu'il le lui portât chez le particulier où il
avait été d'abord adressé, rue de Carème-prenant, N°. 21.
Que cette conversation entre lui et Felix Lepelletier, eût
lieu dans son antichambre, au rez-de-chaussée où il l'attira
à part, et où ils étaient seuls; qu'ils se quittèrent après
s'être embrassés, et avec recommandation de beaucoup de
discrétion. Que ce même jour, onze, au matin, et avant
d'aller rue de Carème-prenant, lui déclarant avait passé
au caffé des Bain-chinois où la femme ci-dessus désignée lui
avait promis de lui remettre incessamment des papiers et
que le maître du caffé desdits Bains passa dans le fond
du laboratoire, et y lut la lettre destinée à Felix Lepelletier
et qui n'était point cachetée, laquelle lettre contenait ce qui
était arrivé le dix, à la Légion de police qui était à Versailles
et au départ de la Légion de ladite Commune. Ajoute qu'un
des jours précédens étant venu aux Bains-chinois, plusieurs
particuliers qui s'y trouvaient et dont il ne sait pas les
noms et qui parroissaient être très-au-fait de ce qui se
passait, lui dirent que s'il manquait à la discrétion et au
secret, il n'y aurait point de supplices assez grands pour
l'en punir. Que les mêmes menaces lui furent faites par
un particulier à lui inconnu, qui est venu le trouver à la
maison d'arrêt de Montaigu, où il était également détenu,
et en lui disant que la chose aurait lieu tôt ou tard; qu'il
aurait cruellement lieu de s'en repentir, s'il jasait; qu'on
saurait bien le retrouver quelque part qu'il fût et que ce qu'il
pourrait dire ne ferait que retarder l'insurrection, sans
empêcher qu'elle eût lieu un jour ou l'autre.

Observe que le onze floréal il fut arrêté sur le boulevard

du temple où il avait distribué plusieurs des papiers qu'il avait reçu ce même jour, tant chez Morel que rue de Carême prenant. Que les papiers qu'il recevait à Paris, il les portait à Versailles et les remettait à leur assemblée.

Ajoute encore que Blondeau, le Brigadier dont il a déjà parlé, et un autre qui fréquentait aussi Felix Lepelletier, lui avaient dit : qu'il y avait des représentans du peuple et des généraux qui étaient du complot.

Et sur la représentation faite au déclarant des effets et papiers saisis chez les prévenus et déposés au greffe pour servir de conviction ;

Le déclarant dit qu'il reconnaît, parmi ces objets, et pour être pareils aux imprimés qu'il a reçu, les journaux *du Trib. n. du Peuple et de l'Éclaireur, l'Opinion d'un homme ; le Peuple sans culotte de Paris à la Légion de Police ; Soldat arrête encore ; la Légion de police à elle même, à tous ses frères d'armes et au peuple ; doit-on obéissance à la Constitution de mil sept cent quatre vingt quinze ; la Lettre de Franc libre Soldat de l'armée circo-parisienne à son ami Laterreur, Soldat de l'armée du Rhin ; la Chanson nouvelle à l'usage du fauxbourg ;* et qu'on était au No. 7 de *l'Éclaireur* et No. 42 du *Tribun du Peuple* lorsque lui déclarant a été arrêté l'Ami du peuple par Lebois faisait aussi partie des papiers qu'on lui a remis, tant chez Morel qu'au caffé des Bains-chinois.

Déclare aussi que Blondeau lui a dit, dans le tems qu'ils se voyaient à la réunion à Versailles que le gros parc d'Artillerie et l'artillerie et l'artillerie légère, étant à la dévotion et au pouvoir des conjurés.

Qui est tout ce qu'il a dit savoir: et les journaux reconnus par le déclarant ont été signés et paraphés de lui seulement, l'ayant été précédemment de nous et du Greffier, en ce que besoin a été et serait.

Lecture à lui faite de sa déclaration, a dit icelle contenir vérité. Y a persisté, et a signé avec nous et ledit commisgreffier.

Signé GERARD, MEUNIER et DEBELLE.

10e.

Est aussi comparu le nommé Alexandre COGNON, âgé de vingt-six ans et demi, soldat en dernier lieu de la ci-devant légion de Police, second bataillon et actuellement détenu à Bicêtre, par jugement d'une commission militaire, et amené de ladite maison d'arrêt de Bicêtre, par l'un des huissiers du Tribunal. Ledit Cognon, témoin assigné par le susdit exploit dont il nous a représenté la copie; lequel, après que nous lui avons eu lu les noms, âges, qualités, pais de naissance et demeures des prévenus, a dit n'être parent, allié, serviteur ni aux gages d'aucun desdits prévenus.

Et après que lecture lui a été faite des arrêtés du Directoire Exécutif, déclarations et autres renseignemens de la conspiration dont il s'agit, notamment quant aux faits dont il est présumé avoir connaissance.

Déclare qu'il n'a aucune connaissance des faits concernant ladite conspiration, si ce n'est qu'il sait que le nommé Barbier, un de ses camarades, avait été faire faire en ville une pétition qui devait être présentée par les légionnaires de police dont il faisait partie, au Directoire Exécutif, à l'époque du neuf floréal, où la légion reçut l'ordre de son licenciement;

que ce même jour, neuf floréal, lui déclarant est rentré tard et pris de vin, à la caserne de la Courtille; que dans la nuit quelques uns de ses camarades l'invitèrent à se lever, pour aller trouver les autres et les engager à ne pas partir, que n'ayant pas encore la tête bien à lui, il se livra à cette démarche, et que le lendemain matin, quand le général vint pour voir si la légion était partie, plusieurs d'entr'eux dirent qu'ils ne partiraient pas; que voilà tout ce que lui répondant sait et a fait, et que ne sachant ni lire, ni écrire il n'a pris part à rien, qu'il n'a vu aucuns imprimés de la nature de ceux qui avaient été distribués à son bataillon de la part des conjurés; qui est tout ce qu'il a dit savoir. Lecture à lui faite de sa déclaration, a dit icelle contenir vérité, y a persisté, a déclaré de nouveau ne savoir écrire ni signer, de ce enquis; et avons signé avec ledit commis-greffier.

Signé GÉRARD, DEBELLE.

20e.

Et le premier messidor, an quatre de la République, du matin pardevant nous Directeur du Juri susdit assité comme dessus.

Est comparu le cit. CHARLES-JEAN THIÉBAUT, âgé de trente-trois ans, portier de la maison de la ci-devant Conception, y demeurant à Paris, rue Honoré, numéro 70, témoin assigné en vertu de notre cédule du vingt-sept prairial dernier, et par exploit d'Aubri, huissier du Tribunal, en date du vingt-huit dudit mois, dont il nous a représenté la copie. Lequel, après que nous lui avons eu donné connaissance du sujet de ladite citation, a dit n'être parent, allié, serviteur, ni domestique d'aucun des prévenus, et après lecture à lui faite des Arrêtés du Directoire exécutif et des déclarations relatives à la conspiration dont il s'agit, et à ceux qui en sont prévenus.

Déclare qu'il n'a aucune connaissance desdits faits, si ce n'est qu'il sait à l'époque où Babeuf fut arrêté dans son domicile, rue du fauxbourg Honoré, époque de la publication de son second numéro du Tribun du peuple, des forts de la Halle étant parvenus à le faire évader, il se réfugia dans les bâtimens de la ci-devant Conception, qu'il y fut reçu par un charron, et y resta jusqu'à la chûte du jour : qu'au bout de ce tems, Didier qui n'était point chez lui lorsque Babeuf entra à la conception, et qui était rentré depuis, alla le prendre chez ledit charron et l'emmena chez lui ; que lui déclarant ignore combien Babeuf est resté détenu chez ledit Didier, ni quand et comment il en est sorti ; qu'antérieurement et avant le Décret qui défend de recevoir des étrangers dans les maisons, il voyait venir chez Didier qui logeait Darthé, différentes personnes, qu'ils rentraient assez habituellement vers onze heures, minuit, en emble ou séparément : qu'ils ont donné deux à trois fois gite et le coucher à des étrangers qui rentraient avec eux ; que postérieurement au décret ci-dessus, ils ne laissèrent plus entrer d'étrangers le soir ; qu'il vit principalement dans les quinze jours qui ont précédé l'arrestation de Darthé et Didier, venir un assez grand nombre de personnes dont quelques-unes lui sont connues de vue, mais dont il ignore le nom, qu'il a vu venir deux ou trois fois le cit. Antonelle ; que Duplay fils, y vint aussi plusieurs fois, et les femmes de chez lesdits Duplay père et fils étaient fort liées avec la femme Didier, et la voyaient souvent ; qu'entr'autres les cités. Lebas y venaient les soirs, jusques à onze heures, minuit ; que Darthé et Didier les reconduisaient, sur tout dans les derniers jours. Que dix à douze jours avant l'arrestation desdits Darthé et Didier, il a reçu par eux des billets écrits à la main, paraissants être des billets d'invitation pour se rendre à une

assemblée : que depuis leur arrestation, il a reçu pour le
cit. Darthe une lettre timbrée d'Avignon, portant au dos
une autre timbre avec le numéro 29, cachetée en cire rouge,
sans empreinte d'aucun cachet sur l'enveloppe de ladite
lettre ; laquelle lettre il nous a représenté pour être annexée
à sa présente déclaration : qu'il n'en a point reçu pour
Didier, et qu'il a seulement entendu dire que celles qui
lui étaient adressées, étaient arrêtées à la poste : qui est tout
ce qu'il a dit savoir : ce fait, la lettre susdite a été sur l'enveloppe signée et paraphée de nous, du déclarant du commis-
greffier, et a été annexée à la présente.

Lecture faite au déclarant de ce que dessus, a dit sa
déclaration contenir vérité, y a persisté, a requis salaire et
a signé avec nous et ledit commis-greffier.

21°.   Signé GERARD, THIBAUD et DEBELLE.

Du même jour, premier messidor, an quatrième de la
République française, une et indivisible, de relevée, nous
Juge susdit assisté du citoyen Denouvilliers, Greffier du
Tribunal, nous nous sommes, en vertu de notre ordonnance du vingt-neuf prairial dernier, transportés en la maison
nationale de Bicêtre, à l'effet de recevoir la déclaration du
nommé BARBIER, détenu en ladite maison de Bicêtre ;
et étant parvenu en ladite maison de Bicêtre et introduit
dans un cabinet, au premier étage, dépendance du logement du concierge ayant vue sur la seconde cour, nous
y avons fait amener ledit Barbier, lequel nous a dit se
nommer JEAN-NOEL BARBIER, âgé de vingt-deux ans,
soldat du second bataillon de la Légion de police, présentement détenu en cette maison d'arrêt, par suite du jugement rendu contre lui, après lui avoir fait lecture des
noms, surnoms, âges, qualités, pays de naissance et
demeures des prévenus, a dit n'être parent, allié, serviteur ni domestique d'aucuns des susnommés, ; lecture aussi
à lui faite des arrêtés du Directoire exécutif et autres pièces

relatives à la conspiration dont est question, et sur les faits
qui peuvent être à la connaissance de lui comparant.

Déclare qu'étant au mois de ventôse dernier, dans une
maison ditte.... ... ..., appelée Hôpital, à Versailles, le
nommé Blondeau, dragon de la Légion de police le voyant
ainsi que ses camarades, à lire le courrier républicain, leur
dit que c'était un journal chouan qui ne pouvait que les
perdre, et leur rend un des anciens numéros de l'ami du
peuple, propre à exhalter ; que s'ils sortaient ensemble de
prison, ils pourrait les faire associer à ceux de la société
populaire, et leur procurer d'autres journaux. Que lui
déclarant étant sorti avant Blondeau, et étant instruit des
espérances qu'avait ledit Blondeau, par les confidences
dernières qu'il lui avait faites, le pria de l'adresser à
quelqu'un à Paris, qui put le mettre au fait comme lui ;
qu'il lui donna en effet une lettre pour le citoyen Ficquet
architecte, rue Chariot, chez le boulanger à droite, après
avoir passé la pompe en venant du boulevard du temple,
que le nommé Petit-Behot et lui déclarant apportèrent cette
lettre audit Ficquet à l'époque de la rentrée de leur bataillon
à Paris, et ce, dans les premiers jours de germinal ; Ficquet
les accueillit et leur dit qu'ils étaient de braves gens, qu'il
était charmé de connoître leurs sentimens, les fit déjeûner
tandis qu'il fut chercher des imprimés, leur rapporta la
chanson des fauxbourgs et la comparaison de la constitution de mil sept cent quatre-ving treize à celle de mil sept
cent quatre-vingt-quinze ; qu'il invita lui déclarant à revenir
le sur-lendemain, et à prendre des précautions pour ne
pas être apperçu en entrant, parce qu'on prenait des mesures
contre eux, comme ils en prenaient contre les autres. Pendant tout le mois de Germinal, lui déclarant, a été prendre
chez Ficquet, les numéros de Babœuf recélans d'autres écrits

intitulés : *Soldat arrête encore ; Analyse de la doctrine de Babeuf ; Récapitulation des acceptans des Constitutions de 1793 et 1795 ;* et beaucoup d'autres papiers qui parurent contre le Gouvernement, dans le courant de ce mois, et dans le commencement du suivant. Qu'étant chez Ficquet, le cinq prairial, Ficquet lui dit : Ils se sont apperçus que vous n'êtes pas propres à remplir leurs vœux, c'est pourquoi ils veulent vous renvoyer et vous livrer à l'ennemi auquel ils vous ont vendus par un traité de paix secret et par une trahison que nous mettrons bientôt au jour. Qu'il lui demanda si la Légion de police était disposée à partir, et qu'ayant répondu que cela pourrait éprouver des difficultés, mais qu'il n'y avait que des vues d'intérêt de la part des légionnaires et pas de l'esprit général ; qu'après quelques instans de réflexions, Ficquet engagea lui témoin à aller l'attendre rue Carême-prenant, ce qu'il fit ; que Ficquet l'y rejoignit ; qu'ils entrèrent ensemble dans une maison à porte cochère, verte, numéro 21 , où demeuraient les nommés Germain , Guilhem, ce qu'il n'a appris qu'après. Qu'ils entrèrent dans cette maison par signal ; qu'ils y trouvèrent Germain que Ficquet lui dit être secrétaire ou agent du comité d'insurrection ; que Ficquet ayant demandé à Germain s'il y avait quelque chose de nouveau , celui-ci lui répondit j'écris quelque chose que Babeuf m'a envoyé, et qui sera imprimé tantôt concernant l'armée de l'intérieur ; qu'ils ne lui firent pas voir cet écrit ; qu'ils déjeûnèrent ensemble ; que pendant le déjeûné , un ami apporta une lettre venant d'une Municipalité de Paris, qui les concernait ; que plusieurs d'eux et entr'autres Guilhem étaient sous la surveillance des officiers de Police. Qu'ayant tous été invités à dîner, il y revint à deux heures ; qu'alors lui témoin demanda à Germain s'il avait fini l'écrit qu'il faisait ce matin, Germain lui répondit, non, parceque Babeuf qu'il avait vu, lui avait dit qu'il fallait faire autre chose, et que l'intitulé de l'adresse projettée, serait: *La Légion de Police à elle-même; et les Sans Culottes de Paris à la Légion de Police;* qu'il dîna avec cinq autres personnes qui étaient Germain. Ficquet. Guilhem et sa femme et un autre citoyen dont il ne sait pas le nom, mais qu'il reconnoîtrait s'il le voyait; qu'on parla pendant tout le dîner des changemens qui allaient avoir lieu; que chacun se promettait que sous un mois, la France aurait totalement changé de face, et qu'ils seraient heureux, lui recommandèrent d'instruire de ces dispositions son bataillon; que dans l'après-midi du huit floréal, il alla chez Ficquet, l'instruire que son bataillon avait reçu l'ordre de son départ, et des dispositions où il le croyait. Que le lendemain, il revint chez Ficquet qui l'envoya chez Germain, où n'ayant pas trouvé ce dernier, il revint encore chez Ficquet; qu'au même instant Germain arriva, et remit à Ficquet une lettre cachetée de noir, venant du comité d'insurrection; que Ficquet l'ayant lue, il dit à lui déclarant, tant mieux; tenez bon et ne partez pas; nous savons que votre bataillon et le troisième ne veulent pas partir, et si nous étions prêts nous ferions tout de suite, éclater le grand coup; mais tenez bon, ne vous épouvantez pas, le Gouvernement prendra des mesures, vous fera désarmer, licencier; vous pourrez être peut-être emprisonnés; et comme par un évènement que nous venons d'apprendre, l'époque de notre soulevement, s'étant rapproché du trente floréal au vingt, nous ferons en même tems des efforts et nous vous débarrasserons, et en même tems lui fit voir la lettre qu'il venait de recevoir, et lui donna le plan de pétition que lui déclarant avait rédigé le

même jour et fait présenter au Directoire, Que ce même
jour qui est celui du licenciement du bataillon, il vint
beaucoup d'émissaires un comité insurrecteur et de ses agents
à la caserne de la Courtille; qu'ils y distribuèrent en très-
grand nombre... qu'il y en avait d'autres... de-
hors qui payaient de... et qui les excitaient à ne
pas partir; qu'il eut le même jour un de ces émissaires
chez Ficquet; Que le soir du même jour se rendant à
l'école militaire avec ses camarades, il rencontre sur le boulevard du Temple, Antoine Ficquet, frère du précédent,
qui lui demanda où il allait, et lui dit que s'il voulait venir
chez lui, son logement était tout prêt pour le recevoir: que
lui ayant répondu qu'il ne voulait pas avoir l'air de quitter
ses camarades, après avoir écrit pour eux, il était résolu de le
suivre: sur quoi Antoine Ficquet lui dit qu'il avait raison;
qu'ils fussent tranquilles, qu'on les délivrerait et que la légion
qui était à Versailles avait du canon et tenait bon, que ledit
Ficquet le quitta aux Bains-Chinois où il entra. Que le lendemain dix, Blondeau vint le trouver avec Gabriel, autre
détenu avec eux à Versailles, qu'ils lui apportèrent beaucoup
d'exemplaires des manuscrits de l'Eclaireur du peuple, et que
Blondeau lui demanda copie de sa pétition, pour la montrer
à Germain. Ajoute le déclarant qu'Antoine Ficquet en l'ac-
compagnant sur le boulevard, lui dit que s'il avait besoin
de cartes de sûreté pour lui et ses camarades, qu'il lui en
ferait passer. Que le dix, Blondeau lui dit que s'il avait besoin d'argent, on lui en ferait passer. Que dans le dîner
dont il a parlé chez Germain, un des convives dont il ignore
le nom, dit qu'il avait à sa disposition des cartes de sûreté,
ce qui fait qu'il n'est pas étonné que beaucoup de légionnaires soient restés à Paris, et . . . . .Ajoute encore
que depuis son départ de Versailles il vint le voir deux ou

trois

trois fois, et lui dit que Felix Lepelletier, que lui déposant
avait vu venir voir Blondeau à la prison, était un des
chefs du comité insurrecteur; qu'il était la source de tout;
qu'il lui faisait passer des papiers et qu'il connaissait tous
les mouvemens de la machine; que ledit Blondeau le voyait
fréquemment à Versailles; qu'il a été trois ou quatre fois
aux Bains-chinois; qu'il y vit ceux qu'il a nommé ci-dessus
et beaucoup d'autres personnes entre autres un chappelier
demeurant près du quai Pelletier, une fille dont il ne se
rappelle pas le nom, mais qu'il a vu en prison au Plessis,
et une petite bossue et rousse, qu'il sait que le chappelier
dont il vient de parler, a distribué beaucoup de papiers;
qu'il en a apporté beaucoup de sa compagnie, quand ils
étaient de service au palais de Justice; qu'il a été quelquefois
dans un cabaret, rue S. Martin, où se rassemblaient des personnes qui étaient au fait.

Ajoute encore qu'au diner chez Germain, il entendit
parler Germain, Ficquet et autres convives, de Massard,
de Fion, de Rossignol et de Lasue comme étant leurs
généraux. Que Ficquet dit qu'aussitôt que l'affaire serait
finie, il falloit envoyer son frère aux armées, que c'était
un B. . . . qui était ferme et qui irait bien. Qu'ils dirent
aussi qu'ils avaient avec eux un représentant du peuple;
et qu'on remettrait en place tous ceux qui n'avaient pas
été renommés; que Billau-Varenne, Collot-d'Herbois et
Barrère reviendraient comme étant les soutiens du peuple
et de la Constitution de 1793.

Qui est tout ce qu'il a dit, savoir, lecture à lui faite de
sa déposition, a dit icelle contenir vérité, y a persisté, et a
signé avec nous et le greffier. Et avant de signer lui avons
présenté le cachet de cuivre de forme quarré-long, sur
lequel sont écrits ses mots SALUT PUBLIC, terminé d'un

D

niveau, et les différentes brochures trouvées chez Babeuf
et autres prévenus, a dit qu'il ne connaît pas le cachet,
mais qu'il en a vu l'empreinte sur la lettre remise à Ficquet
et dont il a parlé. Et reconnaître lesdites brochures comme
lui en ayant été remises de semblables par ledit Ficquet,
aux caffé des Bains-chinois, à la caserne de la Courtille et
au palais de Justice, où ils étaient apportés par ceux dont
il a parlé. Qui est tout ce qu'il a dit savoir. Lecture à lui
faite de ce que dessus, a persisté et signé avec nous et le
Greffier et a le tout paraphé sur lesdits imprimés l'ayant
été précédemment de nous et du Greffier en ce que besoin a été.

Signé GERARD, BARBIER et DENOUVILIERS.

Du cinq messidor, an 4, devant nous
Directeur du Jury, assisté de Claude
Debelle, Commis-Greffier.

22e.
Est aussi comparu le citoyen LOUIS-HENRY SAUSADE,
âgé de trente-trois ans, cultivateur, demeurant à Paris,
rue de Carême-prenant, No. 21, témoin assigné par exploit
de Marion . . . . , Huissier, en date du trois de ce mois,
d'après la cédule dudit Directeur du Jury du deux dudit
mois, dont il nous a représenté la copie, lequel après que
nous lui avons eu donné connoissance des noms, surnoms,
âges, qualités, pays de naissance et demeures des prévenus a dit
n'être parent, allié, serviteur ni domestique desdits prévenus.

Déclare qu'il n'a aucune connoissance des faits relatifs à la conspiration dont il s'agit, et après lecture par
nous à lui faite des déclarations à ce concernant, si ce
n'est que demeurant depuis deux mois et demi dans la
maison où Guilhem occupait un logement dans lequel le
nommé Germain logeait aussi depuis environ quatre mois

et demi, à ce que lui déclarant a su depuis qu'il demeure
en cet endroit. Il a vu venir chez ledit Guilhem et Germain
beaucoup de personnes qui pour entrer ne frappaient à la
porte, mais jettaient une pierre à la croisée ou appelaient
Guilhem. Que du nombre de ces personnes, il a vu les
nommés Ficquet, et l'ex-général Rossignol, ne connoit pas
les autres, que ces personnes se réunissaient souvent chez
ledit Guilhem; que quelquefois ils y prenaient des repas;
qu'il a entendu dire par la femme Guilhem, huit jours
avant l'arrestation de Germain, que son mari et Germain
devaient diner aux champs-élisées avec le général Rossignol et Lepelletier-St.-Fargeau, et qu'ils devaient aussi
aller à Versailles en partie de plaisir : qu'arrete, n'ayant
eu aucune communication avec les susnommés il ne leur
a entendu tenir aucuns propos relatifs à la conspiration dont il s'agit. Qui est tout ce qu'il a dit savoir.
Lecture à lui faite de sa déclaration, a dit icelle contenir
vérité, y a persisté, n'a requis salaire et a signé avec
nous et le Commis-Greffier.

Signé GÉRARD, SAUSADE et DEBELLE.

23e.

Est aussi comparu le citoyen FRANÇOIS VACHOT, âgé
de vingt-huit ans, Général de Brigade, de service de l'armée
de l'intérieur, demeurant à Paris, rue de la Loi, passage
de Montpensier, témoin assigné en vertu de notre cédule
du deux de ce mois, par exploit de Marianchaux, huissier,
en date du trois dudit mois, dont il nous a représenté
la copie, lequel après que lecture lui a été faite des noms,
surnoms, âge, qualités, pays de naissance et demeures des
prévenus, et qu'il a dit n'être parent, allié, serviteur ni domestique desdits prévenus.

Lecture à lui faite des arrêtés du Directoire exécutif des

dix-neuf floréal et autres pièces relatives à la conspiration dont il s'agit.

Déclare qu'il n'a aucune connoissance des faits dont il s'agit ; qu'il reconnaît le représentant du peuple Laignelot parcequ'il s'est trouvé à l'armée avec lui ; que depuis leur retour à Paris, ils n'ont eu aucune communication ensemble ; que placé à la tête de la force armée, quelques individus qui paraissaient exhaltés, cherchèrent à connoître son opinion, sans lui annoncer aucun plan ni aucun dessein formé, et sans lui annoncer aucun individu qui parut en chef dans une entreprise quelconque du genre de celle dont est question ; qu'il leur a répondu que ses principes étaient parfaitement connus, et qu'il ne s'écartait jamais de son devoir de bon républicain ; que ces propos de ces individus étaient des plaintes générales sur la persécution des patriotes, et sur ce que cela ne pouvait pas durer, et ne durerait pas longtems. Qui est tout ce qu'il a dit savoir. Lecture à lui faite de sa déclaration, a dit icelle contenir vérité, y a persisté, n'a requis salaire, et a signé avec nous et ledit Commis-Greffier,

Signé GERARD, VACHOT et DEDELLE.

Dudit jour, cinq messidor, an quatrième de la République française, une et indivisible, assisté du greffier soussigné.

24e.

Est aussi comparue GENEVIEVE - JACQUELINE DEFLET, femme de Pierre-Marie Duforget, vendant de la porcelaine sur les boulevards, âgée de trente-deux ans, vendant aussi de la porcelaine, demeurante avec son mari, rue du Temple, numéro 131, maison du boulanger, laquelle nous a représenté copie de l'assignation à elle donné par Marianchaux, huissier, le deux du présent mois ; lecture à elle faite des noms , surnoms des prévenus et des arrêtés du Directoire, sus-énoncés, et relatifs à la conspiration dont est question, a déclaré n'être parente, alliée, servante ni domestique des parties.

Déclare qu'elle n'a aucune connaissance des faits relatif à la conspiration, mais seulement, qu'elle connaît la femme Martin parcequ'elle a un enfant en sevrage chez elle; que le jour de l'arrestation de ladite femme Martin, la fille de cette dernière, qu'elle déposante employe depuis du tems à la garde de ses enfans, vint sur le boulevard où elle déclarante vend de la porcelaine et des fayences, lui dit que sa mère venait d'être arrêtée, et la pria de garder un paquet qu'elle avait apporté, ce qu'elle déclarante refusa en disant qu'elle ne voulait pas s'en charger, de manière que ladite fille Martin a laissé ce paquet, où elle déclarante dépose ses effets, en priant une voisine d'y veiller tandis qu'elle allait porter les enfans d'elle déclarante : qu'elle ignore quand ladite fille Martin a été les reprendre, attendu qu'elle déposante s'est en allée avec ses enfans. Qu'elle reconnaît le paquet que nous lui représentons, par le tablier qui sert d'enveloppe, et notamment par les cordons qui ont été crotés au moment que ladite fille Martin l'a jetté à terre, qu'elle ignore ce que ce paquet contient ; qui est tout ce qu'elle a dit savoir.

Lecture à elle faite de sa déposition, a dit icelle contenir vérité, y a persisté, a requis salaire à elle taxé vingt-cinq livres, et a signé avec nous et le greffier.

Signé GERARD, DEFLET et DENOUVILLERS.

25e.
Est aussi comparue ANNE CARON , âgée de quarante-sept ans, fille de confiance chez le cit. Aarmand de la Meuse, du Conseil des Anciens, chez lequel elle demeure, rue

d'Anjou Honoré, section du Roulle, numéro 1569, laquelle nous a représenté copie de l'assignation a elle donnée par ledit Marianchoux, le trois du présent mois, lecture à elle faite des arrêtés du Directoire sus-énoncés, et relatifs a la conspiration, des noms, surnoms, âge et pays de naissance des prévenus, a déclaré n'être parente, alliée, servante ni domestique de parties.

Déclare que vers le huit ou dix germinal dernier à peu-près, un militaire qu'elle connaissait de vue parcequ'il est des environs de Bar, son pays, est venu la voir et lui demander si elle avait quelque chose à faire dire dans son pays : en lui disant qu'il était obligé de s'en aller parceque son régiment était parti, qu'il n'attendait plus que du linge qu'on lui envoyait de son pays ; qu'il lui dit qu'il voudrait déjà être parti, parcequ'il allait y avoir demain du traint dans Paris ; et que si cela arrivait avant son départ, il ne pourrait plus sortir ; que depuis quelques jours des jacobins lui avaient donné asile, et l'avaient vêtu en bourgeois, qu'il lui dit qu'il ne retournerait pas chez ces personnes, et qu'il s'en irait tout de suite ; que ce qui a fait qu'il lui fut rendu compte de ce dernier fait, c'est qu'elle lui avait demandé pourquoi il était en habit bourgeois, et qu'il avait ajouté qu'il n'osa pas paroitre, parce que son régiment était licencié et qu'il courait risque d'être arrêté. Qui est tout ce qu'elle a dit savoir. Lecture a elle faite de sa déclaration, a dit icelle contenir vérité, y a persisté, a requis salaire, à elle taxé vingt-cinq livres, et a déclaré ne savoir signer, de ce, interpellée suivant la loi, et avons signé avec le Greffier.

Signé GERARD et DENOUVILLIERS.

26e.   Dudit jour.

Est aussi comparu le citoyen DOMINIQUE AUBRY, âgé

de quarante-sept ans, employé chez le cit. Lièvre, Commandant des approvisionnemens, demeurant à Paris, rue Phelippeaux, N°. 10, chez le cit. Dupuy, perruquier, témoin assigné par le susdit exploit dont il nous a représenté la copie, lequel après que lecture lui a été faite des noms, surnoms, âge, qualité, pays de naissance et demeures des prevenus, a dit n'être parent, allié, serviteur ni domestique des prevenus, et après lecture à lui faite des procès-verbaux relatifs à la conspiration dont il s'agit

Déclare qu'il n'a d'autre connaissance des faits dont est question, si ce n'est que le vingt-trois floréal, dans la soirée, étant allé souper chez le nommé Baptiste Breton, marchand de vin, rue Guérin-Boisseau, il fut accosté par les nommés Monnard, chapelier, rue Denis et Drouin de la légion de Police licencié, dont il n'a su que depuis les noms et qualités, et encore par un autre particulier légionnaire dont il ne sait pas le nom; que ces trois particuliers lui demandèrent s'il était bon patriote; que sur sa réponse que oui, ils lui dirent qu'il y avait assez long tems qu'ils étaient malheureux, que cela ne pouvait pas durer, et ne tarderait pas à changer; qu'il fallait un autre gouvernement, qu'on y travaillait, mais qu'il fallait pour cela de bons patriotes, et que s'il voulait être des leurs, ils lui confieraient de bonnes raisons; qu'il leur fallait la constitution de mil sept cent quatre-vingt treize, et autres propos semblables, qu'ayant accepté leur proposition, ils le firent boire avec eux, et que ledit Monnard l'invita à venir le lendemain déjeûner et dîner chez ledit Monnard. Que le lendemain Drouin vint le chercher chez le nommé Martin, dont la fille était l'amie dudit Drouin; et lequel Martin lui déclarant avait connu aux Magdelonnettes; qu'ils allèrent tous deux chez Monnard, y déjeunèrent dans une chambre au troisième; qu'à ce déjeûner étaient ledit Monnard , sa femme , la fille Lapierre et deux ou trois autres personnes : que pendant le déjeûner , il vit beaucoup d'allans et venans qui étaient des affiliés dudit Monnard , et parmi lesquels il y avait plusieurs légionnaires. Que ce même jour Drouin lui dit qu'il avait été enrôlé par la fille Lambert , demeurante dans le ci-devant couvent Elizabeth près le Boulevard du Temple , qu'elle en avait enrôlé plus de deux mille , qu'on lui fournissait des hardes et des logemens : que Monnard lui donna ainsi qu'à Drouin un billet pour aller loger chez le nommé Thierry , cordonnier, rue de la vieille Monnaye dans un appartement au premier. Qu'arrivé chez ledit Thierry , celui-ci leur dit qu'il ne pouvait les loger chez lui, attendu que sa maison était publique , et qu'il y venait trop de monde ; mais qu'il verrait Monnard à ce sujet dans la journée ; que Drouin et lui déclarant revinrent diner chez Monnard, avec lui Monnard, sa femme , sa nièce et un particulier qui logeait au second, et qui apporta même une bouteille de vin ; que le soir , ils allèrent souper dans un cabaret, rue Denis, vis-à-vis les ci-devant Filles Dieu : que la fille Lapierre , nièce de Monnard , y apporta des provisions : qu'il y vint plusieurs affiliés qui apportaient aussi des provisions, qu'après souper il se retira chez lui , et Drouin fut avec Monnard, sa nièce et trois autres particuliers qui tous avec Drouin couchèrent chez ledit Monnard; qu'il fut le lendemain matin chez ledit Monnard où il trouva Drouin et les trois autres ; qu'ils y déjûnèrent. Qu'il sortit ensuite avec ledit Drouin, jusques au diner qu'ils firent encore chez ledit Monnard, avec ce dernier , sa femme et la nièce dudit Monnard ; qu'ils allèrent souper ce jour-là au cabaret du nommé Breton , rue Guérin-Boisseau où la fille Lapierre apporta encore des provisions, et où d'autres particuliers en apportèrent également. Que le

lendemain

lendemain vingt-cinq il fut avec le cit. Mazot pour chercher
Drouin, rue des Fontaines, chez Martin; qu'ils trouvèrent
la femme Martin à son étalage, rue du Temple; qu'elle
demanda si Mazot était des leurs, et sur sa réponse affirmative, elle lui dit que Drouin allait descendre; qu'il arriva
effectivement presqu'aussitôt; et qu'ils furent déjeûner ensemble à un cabaret, enclos du Temple, où Martin survint
et bût un coup ou deux avec eux; qu'ayant dit là que
Mazot était un légionnaire dans la peine, ainsi que cinq
ou six de ses camarades, ou convint de s'en aller chez
Baptiste Breton pour y rejoindre Monnard et lui parler de
la situation pénible de Mazot et de ses camarades; qu'ils se
retirèrent chacun de leur côté. Qu'ils se rendirent effectivement chez Baptiste Breton; que là, la femme Breton
leur dit que son mari était plus gai qu'à l'ordinaire, et
que s'il avait la lâcheté de reculer, elle irait la première à
la tête; que ce soir-là ils soupèrent dans un cabaret, rue
Denis, vis-à-vis les Filles-Dieu dont il a déjà parlé qu'il
croit être à l'enseigne du Gros-Raisin, dans une salle du fond
où il survint successivement beaucoup de coalisés; que
Mazot ayant exposé la situation de ses camarades et ses
craintes personnelles sur ce qu'ils n'avaient pas d'habits
bourgeois, on lui promit de lui donner des habits; que
Monnard donna audit Mazot un morceau de pain et deux
cents francs en assignats. Qu'il fut beaucoup question
pendant ce souper de l'insurrection qui devait avoir
lieu. Que Monnard y parla de l'entretien qu'il dit avoir
eu avec l'ex-général Rossignol, à qui il avait dit que
le peuple voulait que cela finisse: que dans ce même
souper, ainsi que dans les précédens, la nièce dudit
Monnard avait marqué un acharnement incroyable; que
quand on faisait quelques observations sur ce qui pourra

empêcher le succès; elle en était affectée au point de se trouver mal. Qu'on se donna rendez-vous pour le lendemain
dîner dans un cabaret, rue Martin près le boulevard; qu'il
s'y rendit avec Mazot vers midi ou une heure, qu'ils trouvèrent la porte du cabaret indiqué fermée, et qu'ils apper-
çurent Monnard, Drouin, et deux autres légionnaires sur
la chaussée; que Monnard et les autres se séparèrent, et
se rendirent successivement dans le cabaret de Baptiste
Breton, rue Guérin-Boisseau, où le comparant porta un
pain que Drouin lui avait remis sur la chaussée; qu'ils dînèrent chez ledit Baptiste, au premier, avec Monnard, la
nièce de ce dernier, Drouin et autres. Que ce jour là ils furent
souper au cabaret de la rue Denis, que la nièce de Monnard
fut chercher et apporta à Mazot un habit de gragramme verd.
Que dans cette même soirée, Mazot ayant encore parlé des
besoins de ses camarades, Monnard lui remit de même un
pain et deux cents francs en assignats; que Monnard leur
dit alors que c'était le lendemain qu'on devait commencer.
Qu'ils eussent à se réunir au fauxbourg Antoine, au cabaret
ayant pour enseigne le Tambour, et que là on leur donnerait
chacun cent livres pour commencer. Que le lendemain, il se
rendit avec Mazot et d'autres au fauxbourg Antoine, mais
qu'il n'y rejoignit point Monnard; qu'il s'apperçut
qu'il y avait beaucoup de mouvemens dans ce fauxbourg;
qu'il y retourna les jours suivants, et que dans la matinée
du jour où il y eut une scène au ci-devant couvent Elizabeth,
le déclarant se trouvant au cabaret du Panier-Fleuri dans
ledit Fauxbourg Antoine, il y vit des chefs couverts de
houpelandes, qui demandaient qui il était, à quoi ceux qui
étaient là répondirent, oui, c'est un de nos camarades; à quoi
ces chefs répliquèrent que c'était un maître homme et qu'il
serait à désirer qu'ils en eussent plusieurs de sa force. Qu'à
ce moment, lui déclarant entendit dire que l'insurrection

devait, l'après midi, commencer par le couvent Elizabeth;
qu'on mettrait le feu aux farines , qu'on sonnerait le tocsin
et de la trompette , qu'on dirait que c'était le Gouvernement qui faisait cela pour affamer le peuple , qu'il fallait
tomber dessus, et établir un autre Gouvernement , mais
que dans cette même journée , on a arrêté quelques auteurs
de ce projet d'insurrection , ce qui a dispersé tous les conjurés ; qui est tout ce que le déclarant a dit savoir. A lui
représenté un habit de gragramme verd, quatre cents francs
en assignats et deux morceaux de pain scellés.

Le déclarant a dit qu'il ne reconnoit que l'habit pour
être celui qui a été donné par Monnard à Mazot; qu'il
ne sait si les assignats sont les mêmes que ceux dont il a
parlé sait seulement qu'une somme pareille a été donnée
par ledit Monnard à Mazot; qu'il reconnait les deux morceaux de pain, pour être les mêmes que ceux dont il a
parlé dans sa déclaration, et a signé sur les bandes de
papier étant sur lesdits pains.

Ajoute que la redingotte de B. . . .'le chapeau et le
pantalon que Drouin avait au moment de son arrestation
lui avait été donné par Monnard , ainsi qu'un gilet de
gragrame verd pareil à l'habit représenté. Lecture à lui
faite de sa déclaration, a dit icelle contenir vérité, y a
persisté, a requis salaire et a signé avec nous et ledit
Commis-Greffier.

Signé GERARD, AUBRY et DEBELLE.

Soient toutes les pièces du procès communiquées au
Commissaire du pouvoir exécutif.

Fait au Palais, à Paris; le 23 messidor, l'an quatre de
la République française, une et indivisible.

Signé GERARD.

Vu les pièces, attendu que Gracchus Babeuf, Buonarotti,
Germain, Darthé, Didier, Pillé, Massard, Fion, Ricord,
Laignelot, Robert Lindet, Cazin, Vacret Moroy, Goulard,
Lamberté, Clerx, Antoine Ficquet, Claude Ficquet, Guilhem,
Fs. Dufour, Chrétien, Duplay père, Duplay fils, Nicolas
- Morel, Mugnier, Monnier, Jacob Reys, Pierre Philipp,
Policarpe Pottofeux, Crespin, Pierre-Nicolas Vergne, Cordas
Lambert, Menestier, Breton, Jeanne Ansiot, sa femme,
Joseph Monnard, Marie-Louise Adbin, sa femme, Marie-
Sophie Lapierre, François Thierry, Drouin, Marie-Adélaïde
Lambert, Nicole Pognon, femme Martin, Louis Taffoureau
André Amar, Vadier, Antonnelle, Baude, Bouin, Parrain,
Bodson, Blondeau et Boudin sont prévenus d'avoir parti-
cipé à une conspiration et complot tendans à troubler la
République par une guerre civile, en armant les citoyens
les uns contre les autres et contre l'exercice de l'autorité
légitime, opérer la dissolution de la représentation nationale
et du Directoire exécutif; tendante au meurtre des cinq
membres du Directoire exécutif, des membres des autorités
civiles et militaires, au rétablissement de la Constitution
de mil sept cent quatre-vingt-treize, et de tout autre gouvernement que celui établi par la Constitution de l'an trois,
acceptée par le peuple français; à l'invasion des propriétés
publiques, au pillage et au partage des propriétés particulières.
Que Amar, l'un des susnommés, est en outre prévenu de
contravention à la loi du vingt-un floréal dernier. Que ces
délits sont prévus par l'article DCXII du nouveau code
des délits et des peines, par l'article premier de la loi du
vingt-sept germinal dernier, et par la loi du vingt-un floréal
suivant et qu'ils sont de nature à emporter peine afflictive
je requiers, que conformément aux articles CCXX et DXVI
dudit nouveau code des délits et des peines, et par la loi

susdite du vingt-sept germinal dernier, tous lesdits susnommés seront traduits devant le Jury spécial d'accusation.

Fait au parquet, le 23 messidor, an quatrième de la
République française ; une et indivisible.

Signé PETIT.

DÉCLARATIONS
DE
TÉMOINS.
CONTRE LAMBERTÉ.

22 Messidor, an IV.

CEJOURD'HUI vingt-deux messidor, du matin, l'an IV
de la République française, une et indivisible, je soussigné
ANDRÉ GERARD, Juge, l'un des Directeurs du Juri
d'accusation du canton de Paris, Département de la Seine,
réuni au palais de Justice, étant en mon cabinet, assisté
du Commis-greffier assermenté dudit Tribunal, aussi soussigné, ai reçu les déclarations des témoins ci-après nommés,
appelés en vertu de la cédule par moi délivrée le 19 messidor,
présent mois, sur les faits et circonstances qui sont à leur
connoissance, au sujet du délit dont est question au procès-
verbal dressé par le Juge de paix de la section de la Fidélité
le treize de ce mois, contre les nommés Lamberté, Babeuf
et autres prévenus de conspiration.

Lesquels témoins ont fait leur déclaration ainsi qu'il suit :

Est comparu le citoyen PIERRE MILLET, âgé de quarante-un ans, imprimeur, demeurant à Paris, rue de la tixeran-derie, N°. 17, division de la Fidélité, témoin expert assigné en vertu de notre cédule susdatée, par exploit d'Aubri, l'un des huissiers du Tribunal, en date dudit jour, dix-neuf de ce mois, dont il nous a représenté la copie, lequel après que nous lui avons eu donné connoissance des noms, âges, qualités, pays de naissance et demeure des prévenus, a dit n'être parent, allié, serviteur ni domestique desdits prévenus.

Lecture à lui faite des déclarations relatives à l'objet de ladite citation et du procès-verbal susdaté.

Déclare qu'il n'a aucune connoissance des faits dont il s'agit, si ce n'est qu'il a été appelé le treize de ce mois, par le Juge de paix de sa section, pour, conjointement avec le citoyen Knapen, faire la recherche dans l'imprimerie de Lamberté, l'un des prévenus des pièces à conviction qui pourraient s'y trouver; que par le résultat desdites recherches, ils ont remarqué un timpan de l'une des presses de ladite imprimerie, sur le foulage de toile, duquel timpan on lisait le mot SOLDAT, ce qui leur a fait présumer qu'il pouvait avoir servi à l'impression d'un placard qu'on leur a dit exister au procès, et intitulé: SOLDAT ARRÊTE; qu'en conséquence, ledit timpan a été retiré de ladite imprimerie et déposé au greffe pour être confronté avec un exemplaire dudit placard, si aucun se trouvait dans les pièces servantes à conviction.

Représentation faite audit témoin, 1°. du timpan désigné au procès-verbal du Juge de paix de la section de la Fidé-lité dudit jour, treize messidor, présent mois ; 2°. d'un placard intitulé SOLDAT ARRÈTE ENCORE, de caractere cicéro imprimé sur trois colonnes commençant par les mots au-dessous du titre ci-dessus énoncé, *une paix*, et finissant au bas de la 3e. colonne par ceux-ci : *dans la tombe*.

3°. Un autre placard intitulé SOLDAT ARRÈTE ET LIS, imprimé en caractère St. Augustin, commençant par ces mots, au-dessous du titre ci-dessus énoncé : *un gouver-nement* finissant par ceux-ci au bas de la troisième colonne : *bonheur commun*.

4°. Un exemplaire, format in-8°., du placard intitulé : SOLDAT ARRÈTE ENCORE, commençant à la première page au-dessous du titre susdit, par ces mots : *une paix*, finissant au bas de ladite page par ces derniers mots d'une note *cruel et imprudent*, commençant à la seconde page par ces mots : *des articles secrets*, finissant par ceux-ci : *solemnellement punie* ; la troisième page commençant par ces mots : *on envoie une armée*, finissant par ceux-ci : *ne voyait qu'eux*, commençant à la quatrième page par ces mots : *eux, reconnoissant*, et finissant a la treizième ligne par ces mots : *dans la tombe*, le carac-tère dudit imprimé, en cicéro, et la note en petit romain.

5°. Un imprimé formant un in-octavo de quatre pages, intitulé : *Soldat arréte et lis* ; commençant par ces mots, au-dessous dudit intitulé : *à un Gouvernement*, finissant par ceux ci : *vengeance de* et commençant la seconde page par ces mots : *Loi ; ils réclamèrent*, finissant par ceux-ci : *Audace duquel*, commençant par ces mots, à la troisieme page *que hommes ;* finis-sant par ceux-ci : *de Xerxès, vous*, commençant à la quatrième page par ces mots, *entendrez-le*, et finissant par ceux - ci, à la treizième ligne de la même page: *le bonheur commun.*

6°. Un imprimé en forme de placard, intitulé *la vérité au Peuple par des patriotes de 1789, du 14 juillet, du 10 août, et du treize vendémiaire,* imprimé sur trois colonnes, en caractère cicero commençant par ces mots, sous ledit titre: *Peuple que l'on caresse,* et finissant par ceux-ci, au bout de la troisième colonne: *des trophées à obtenir.*

7°. Un autre imprimé en forme de placard, en trois colonnes de caractère cicéro, commençant par ces mots: *en titre, le Comité insurrecteur de Salut public* et finissant par ceux-ci, au bas de la 3e. colonne, *signé à la minute.* Lesdites pièces faisant partie de celles à conviction, déposées au greffe, pour servir à l'instruction contre lesdits Lamberté, Babeuf et autres.

Examen fait desdites pièces par le comparant, déclare que les deux placards intitulés: *Soldat arrête et lis; et soldat arrête encore;* sont du même caractère, même composition, que celle in-octavo; que le mot soldat étant un titre de placard intitulé: *Soldat arrête encore,* est le même mot que celui marqué par le foulage sur le timpan ci-dessus représenté, et est absolument conforme et identique en tous points. Qu'il pense en son ame et conscience que celui qui a imprimé ledit placard confronté au timpan, a aussi imprimé le second placard et les deux imprimés in-8°., reconnoissant les mêmes caractères et le même fond d'impression: mais qu'il n'a rien vu chez le nommé Lamberté qui lui ait annoncé que les autres placards ci-dessus représentés, ayant été faits dans son imprimerie. Qui est tout ce qu'il a dit savoir.

Ce fait

Ce fait, les susdits imprimés en placards et in-octavo, ont été paraphés de nous du témoin expert et du Commis-Greffier.

Lecture à lui faite de ce que dessus, a dit sa déclaration contenir vérité, y a persisté, a requis salaire et a signé avec nous et ledit commis-greffier.

Signé GÉRARD, MILLET.

Est aussi comparu le cit. ANDRÉ-FRANÇOIS KNAPEN, âgé de soixante-huit ans passés, imprimeur, demeurant à Paris, rue André des Arts, numéro 2, section du Théâtre-Français, témoin expert, assigné par le susdit exploit, dont il nous a représenté la copie, lequel après que lecture lui a été faite des noms, âge, qualité, pays de naissance, demeure des prévenus, a dit n'être parent, allié, serviteur ni domestique desdits prévenus.

Lecture à lui faite du procés-verbal dudit jour, treize de ce mois, et autres relatifs à la conspiration dont il s'agit, représentation à lui faite des imprimés en format in-octavo, placards et Timpan ci-dessus désignés.

Déclare que le mot *Soldat* en lettres romaines de grosse de fonte, qui se remarque sur le timpan représenté, provenant d'une des presses, trouvé dans l'imprimerie de Lamberté, a pu servir à une affiche représentée au déclarant; ladite affiche ayant pour titre, *Soldat* en une ligne, *arrête et lis*, seconde ligne; cette affiche présentée sur le timpan; il a été trouvé que le mot *Soldat* empreint par la foulure sur le timpan, est du même caractère de celui du placard représenté, mais que les lettres n'étaient pas espacées de même; le même ouvrage in-octavo en trois pages et demie, comparaison faite du placard avec *l'in-octavo*, il a vu

E

que la composition du placard était la même que celle de
l'in-octavo, en caractère St. Augustin ; que tous les mots
de ces deux impressions sont espacés de même ; que toutes
les lignes commençaient et finissaient par les mêmes mots, et
que les pages de l'in-octavo ont été partagées en trois colonnes
pour former ledit placard : à l'égard du placard ayant pour
titre *Soldat arrête encore* ; il a également été présenté
sur ledit timpan ; que le mot *Soldat* a été par le déclarant
trouvé conforme au même mot empreint sur le timpan, de
même caractère, et les lettres espacées de même que l'édition
in octavo représentée, s'est trouvée entièrement conforme à
l'édition en placard, la composition du même cicero, les
lignes de la même justification, et les mots aussi espacés de
même, d'où le déclarant conclut que ces ouvrages sortent de
la même imprimerie, dont le timpan a été retiré. Quant aux
aux autres placards, le comparant déclare qu'il a bien vu
dans l'imprimerie dudit Lamberté, une mallette remplie de
caractères brouillés qui provenaient de formes cassées, mais
ne peut dire si ces caractères ont servi à l'impression des
autres susdits placards ; qui est tout ce qu'il a dit savoir ; et a
également paraphé les pièces à lui représentées, ainsi que
la bande de papier étant sur le timpan.

Lecture à lui faite de ce que dessus, a dit sa déclaration
contenir vérité, y a persisté, a requis salaire et a signé avec
nous et ledit commis-greffier.

Signé GERARD KNAPEN et DEBELLE.

PROCÈS-VERBAL

DE LECTURE

DE DÉCLARATIONS DE TÉMOINS

Aux Prévenus.

Dix-neuf Messidor, an 4.

25°.

L'an quatre de la République française, une et indivisible, le dix-neuf messidor, onze heures du matin, nous André Gérard, Juge civil, et l'un des Directeurs du Juré d'accusation du Canton de Paris, Département de la Seine, en vertu et pour l'exécution de notre ordonnance

rendue sur les conclusions du Substitut du Commissaire du du Directoire Exécutif, d'après la réquisition des prévenus ci-après nommés, sommes transportés, assistés de Claude Debelle, l'un des Commis-Greffiers, assermenté du Tribunal, à la maison d'arrêt du Temple, pour faire lecture aux nommés Babeuf, Buonarotti, Germain, Massard, Didier, Darthé, Cazin et Moroi, y détenus, des déclarations de Témoins produits contre eux, et que nous avons reçues antérieurement aux mandats d'arrêt décernés contre chacun desdits prévenus ; et lorsque nous Directeur du Juri susdit, ne remplissions à leur égard que les fonctions d'officier de police Judiciaire ; étant parvenus en ladite maison d'arrêt, sise rue et division du Temple, et entré dans le bâtiment des Tours, en une salle servant de greffe, situé au rez de chaussée, et éclairée par trois croisées donnant sur les cours desdits bâtimens, y avons fait amener par le Gardien de la maison

d'arrêt, et comme en lieu de liberté, séparément et l'un
après l'autre, et avons procédé auxdites opérations ainsi qu'il
suit :

Dudit jour.

Est comparu l'un desdits prévenus, lequel a dit se
nommer GRACCHUS BABEUF, âgé de trente-quatre ans,
homme de lettres, natif de St. Quentin, Département de
l'Aisne, demeurant à Paris, rue du fauxbourg Honoré,
N°. 29, division des Champs-Elisées.

Auquel nous avons fait lecture de la déclaration faite
devant nous ; comme Officier de police judiciaire, le trois
prairial dernier, par le citoyen Georges Grisel, âgé de
trente-un ans, Capitaine au troisième bataillon de la trente-
huitième demi-brigade, étant actuellement au camp de
Grenelle sous Paris, témoin assigné en vertu de notre
cédule du deux de ce mois, par exploit du citoyen Marianchaux, huissier du Tribunal, en date du même jour.

Lecture ayant été faite et achevée, le comparant a dit
qu'il ne fera aucune observation sur la déclaration faite
par Grisel, parcequ'il doute qu'une simple lecture puisse
légalement remplir le vœu de l'article de la loi, dont l'in-
observance a donné lieu à la réclamation faite, tant par
lui comparant, que par ses co-signataires, les treize et dix-
huit de ce mois ; qu'il pense que la déclaration doit être
répétée par le témoin, contradictoirement et en présence
du prévenu, pourquoi il se reserve toute réclamation ulté-
rieure, après qu'il se sera mieux instruit des dispositions
de la loi.

Observe en outre qu'il ne croit pas qu'il y ait de tems
fixe et prescriptible pour faire une réclamation du genre

de celle des treize et dix-huit de ce mois, comme semble l'avoir prétendu le Commissaire du pouvoir exécutif. Requiert en outre que toutes formalités de cette nature que celle de la réclamation ci-mentionnée, soient remplies et appliquées à tout autre individu que Grisel, s'il en est ou entendu dans la présente affaire, et fait toutes les autres réserves de droit.

Ce fait, et lecture faite au comparant de ce que dessus, a persisté et a signé avec nous et ledit Commis-Greffier.

Signé GERARD, G. BABEUF et DEBELLE.

Et ledit Babeuf retiré, avons mandé, fait venir et est comparu en ladite salle, un autre des prévenus, lequel a dit se nommer JUSTE MOROY, âgé de quarante-cinq ans, natif de Paris, metteur en œuvre, demeurant à Paris rue de l'Oursine, N°. 6, section du Finistère.

Lecture à lui faite des déclarations des citoyens et citoyennes Grisel, Maillard, Lecomte, femme Lerat, Mazot, Naudin, Bothereau, Barbier, Boucher, Clément, Brunnillier, Sédard, Nantilly, Valory, femme Tissot, Monnier, Cognon, Thiébaut et Barbier, témoins entendus par le Directeur du Juri susdit, depuis et compris le trois prairial dernier et jours suivans, jusques au deux messidor, présent mois, exclusivement, auquel jour le comparant a été mis en état d'arrestation.

Ledit Moroy, après ladite lecture, a dit que les déclarations de témoins ne le concernant point, si ce n'est à l'égard du bateau de fusils étant sur la rivière; qu'il s'en réfère à cet égard, et le surplus, à ce qu'il a répondu lors de ses interrogatoires. Qui est tout ce qu'il a dit avoir à répondre. Lecture à lui faite de ce que dessus, a persisté et a signé avec nous et ledit Commis-greffier.

Signé GERARD, MOROY et DEBELLE

Ledit Moroi étant retiré, est aussi comparu un autre desdits prévenus, lequel a dit se nommer JEAN-BAPTISTE DIDIER, âgé de trente-sept ans, natif de Coutans, Département de la Marne, serrurier, demeurant rue Honoré, N°. 70, division de la place Vendôme.

Lecture à lui faite de la déclaration faite par-devant nous comme officier de police judiciaire, le trois prairial, par le citoyen Grisel témoin.

Le comparant a dit que dans la séance du onze floréal, on fait dire à Darthé que lui comparant était un des chefs de la conspiration; mais que Darthé n'a pas pu tenir ce propos, d'après ce que le comparant nous a dit dans son interrogatoire subi devant nous, et auquel il se réfère pour ses déffenses sur ce fait, et tous autres à lui imputés.

Lecture à lui faite de ce que dessus, ledit Didier a persisté et a signé avec nous et ledit Commis-greffier.

Signé GÉRARD, DIDIER et DEBELLE.

Ce fait, ledit Didier retiré, et attendu qu'il est deux heures de relevée et sonnées, avons remis la vacation à cejourd'hui quatre heures aussi de relevée.

Fait les jour, lieu et an que dit est, et avons signé avec ledit Commis-greffier.

Signé GERARD et DEBELLE.

Et ledit jour dix-neuf messidor, an IV, quatre heures de relevée, nous Directeur du Juri susdit, assisté comme dit est, sommes de nouveau transporté en ladite maison d'arrêt du Temple, où étant dans la salle ci-dessus indiquée, et comme lieu de liberté.

Avons fait venir, et est comparu l'un des prévenus y detenu, lequel nous a dit se nommer JEAN-BAPTISTE

CAZIN, âgé de quarante-huit ans, natif de Paris, cuisinier-
patissier, demeurant à Paris, rue des postes, N°. 7,
division des Quinze-vingts.

Lecture par nous à lui faite des déclarations desdits Grisel,
Maillard, Lecomte, femme Lerat, Mazot, Naudin Bothereau, Barbier, Boucher, Clément, Brunnilier, Sédard,
Nautilly et Valory, témoins par nous entendus à l'égard du
comparant, avant le mandat d'arrêt décerné contre lui, les
trois, cinq, six, onze, douze, treize et quatorze prairial
dernier.

Ledit Cazin a dit qu'il ne connaît point le cit. Grisel, ni
aucun des témoins dont nous venons de lui lire les déclarations, que lui comparant proteste contre le faux de la déposition de Grisel, en ce qu'il y est dit qu'il a eu une contes-
tation avec Germain, et s'en réfère, au surplus, à ses réponses
contenues aux interrogatoires par lui subis. Lecture à lui faite
de ce que dessus, a persisté et a signé avec nous et ledit
commis-greffier.

Signé GERARD, CAZIN et DEBELE.

Est aussi comparu l'un des prévenus, après ledit Cazin
retiré, lequel a dit se nommer PHILIPPE BUONAROTTI
âgé de trente-quatre ans, natif de Florence, naturalisé
Français, musicien, demeurant à Paris, rue d'Orléans,
N°. 21.

Lecture à lui faite de la déclaration dudit George Grisel,
reçue par nous le trois prairial dernier, et précédemment
énoncée, et la continuation d'icelle du cinq dudit mois.

Après laquelle lecture, ledit Buonarotti a dit qu'il persiste
dans sa demande du treize de ce mois, qu'il persiste, au

surplus, dans ses interrogatoires et déclarations, où il a dit qu'il n'avait point été chez Babeuf, ni chez Darthé, ne savoir même pas où ce dernier demeurait, ajoute que fort de se remémorier les époques, il espère se rappeler que le jour dont parle Grisel, lui comparant était ailleurs, et qu'il ne connait pas ledit Grisel.

Lecture à lui faite, de ce que dessus, a persisté et signé avec nous et ledit commis-greffier.

Signé GERARD, BUONAROTTI et DEBELLE.

Et ledit Buonarotti retiré, avons fait venir, et est comparu en ladite salle, un des prévenus, détenu en ladite maison d'arrêt, lequel a dit se nommer GUILLAUME-GILLES-ANNE MASSARD, âgé de quarante-quatre ans, natif de Montfort, Département d'Ile et Vilaine, ancien chef de bataillon de garde nationale sur la côte du Finistère, demeurant à Paris, division de Bonne-Nouvelle.

Lecture à lui faite la déclaration du cit. Grisel, témoin, en date, des trois et cinq prairial dernier.

A dit qu'il s'en tient au contenu de la lettre du treize de ce mois et du jour d'hier; et que du reste, il s'en réfère à ses réponses aux interrogats qui lui ont été faits, et dans lesquels il persiste.

Lecture à lui faite de ce que dessus, a pareillement persisté et a signé avec nous et ledit commis-greffier.

Signé GERARD, MASSRD et DEBELLE.

Et ledit Massard retiré, avons fait venir et est comparu en ladite salle, comme lieu de liberté, un des prévenus détenu en ladite maison d'arrêt, lequel a dit se nommer AUGUSTIN-ALEXANDRE-JOSEPH DARTHÉ, âgé de trente

trente ans , nâtif de St. Pol , Département du Pas-de-Calais ,
ancien employé, demeurant à Paris, rue Honoré , numéro
1366, section de la place Vendôme.

Auquel ayant annoncé le sujet de notre transport , et
comme nous nous disposions à lui faire lecture de la déclaration du cit. George Grisel, témoin susdit, en date des trois
et cinq prairial dernier.

A dit qu'il n'a point signé de réquisition tendante à
avoir lecture par nous d'aucune déclaration de témoins, et
conséquent à sa protestation lorsqu'il a paru la première
fois devant nous ; il n'en veut point entendre , ni procéder
à aucune autre opération.

. Lui avons à l'instant représenté une lettre sous enveloppe,
à son adresse, avec le timbre d'Avignon, qui nous a été
remise par le cit. Thiébaut , lors de sa déposition du vingt-
neuf prairial dernier.

Ouverture faite de ladite lettre par ledit Darthé , et après
qu'il nous l'a eu remise, avons reconnu qu'elle était écrite sur
quatre pages d'une feuille de papier à lettre , datée en tête ,
Avignon , 16 floréal , quatrième année républicaine , commençant au premier recto par ces mots : *J'ai reçu ta
Lettre* , et finissant par ceux-ci : *Tremblez devant
nous* , commençant sur le premier *verso* par ces mots : '
républicain , quant aussi, finissant par ceux-ci :
quelques choses auprès ; commençant sur le second
recto par ces mots : *du Ministère de la guerre* ,
finissant par ceux-ci : *des choses de ma part*,
commençant au second *verso* par ces mots : *à tous
nos amis* , finissant par ces mots du post-scriptum
Cependant tes bontés ; ladite lettre signée Morlin ?
à lui demandé s'il veut la parapher,

Dit, que toujours conséquent à sa protestation, il n'a aucune réponse à faire quant à présent, et qu'il le croit inutile, et qu'il ne veut parapher ladite lettre.

Ce fait, ladite lettre a été signée et paraphée sur les premières pages de chaque feuillet par nous, et par le Commis-Greffier; l'enveloppe l'ayant été précédemment de nous, et le comparant ayant refusé de le faire, quoique de ce interpellé, et ladite lettre est restée annexée à la déposition dudit Thibaut.

Lecture à lui faite de ce que dessus, le comparant a persisté et a signé avec nous et ledit Commis-greffier.
Signé GERARD, DARTHE et DEBELLE.

Ce fait, ne s'étant trouvé aucune déclaration de témoins reçue avant le mandat d'arrêt décerné contre le nommé Germain, l'un desdits détenus, dénommés au réquisitoire et ordonnance susdatés, nous avons clos le présent procès-verbal que nous avons signé avec ledit Commis-greffier, lesdits jour, lieu et heure que dessus.
Signé GERARD, DEBELLE.

ORDONNANCE
DE
TRADUCTION DEVANT LE JURY
CONTRE BABEUF ET AUTRES.

23 Messidor, an 4.

NOUS ANDRÉ GERARD, Juge civil, et l'un des Directeurs du Jury d'accusation du Canton de Paris, Département de la Seine, séante au Palais de justice.

Après examen fait de la procédure poursuivie contre les nommés Gracchus Babeuf, Philip, Buonarotti, Charles Germain et autres, et ceux des dénommés détenus, interrogés.

Vu les conclusions du substitut du Commissaire du Directoire exécutif :

Attendu que tous les susnommés sont prévenus d'une conspiration tendante à troubler la République par une guerre civile, en armant les citoyens les uns contre les autres, et en les armant contre l'exercice de l'autorité légitime ; à opérer la dissolution des deux corps législatifs et celle du Directoire exécutif, tendante au meurtre des cinq membres du Directoire, des membres des autorités civiles et militaires ; au rétablissement de la constitution de mil sept cent quatre-vingt-treize et de tout autre gouvernement que celui établi par la constitution de l'an trois, acceptée par le peuple français ; à l'invasion des propriétés publiques au pillage et au partage des propriétés particulières ; qu'Amar l'un des susnommés, est en outre prévenu de contravention à la loi du 21 floréal dernier, que les délits ci-dessus énoncés, sont prévus par l'article DCXII du nouveau code des délits et des peines, par l'article premier de la loi du vingt-sept germinal dernier, et par la loi du vingt-un floréal suivant, et qu'ils emportent peine afflictive.

Disons que lesdits Gracchus Buonarotti, Babeuf, Germain, Darthé, Didier, Pillé, Massard, Fion, Ricord, Laignelot, Lindet, Cazin, Vacret, Moroy, Goulard, Lamberté, Clerx, Ficquet Claude Ficquet, Guillem, Dufour, Chrétien, Duplay père Duplay fils, Morel, Mugnier, Monnier, Reys, Philipp, Pottofeux, Crespin, Vergne, Cordas, Lambert, Menessier Breton, la femme dudit Breton, Monnard, la femme dudit

Monnard, la fille Lapierre, Thierry, Drouin, la fille Lambert, la femme Martin, Taffoureau, Amar, Vadier, Antonnelle, Baude, Bouin, Parrein, Bodson, Blondeau et Boudin seront traduits devant le jury d'accusation spécial, conformément à l'article CCXX du nouveau code des délits et des peines.

Fait à Paris au Palais de Justice, le 23 Messidor, l'an 4 de la République française, une et indivisible.

Signé GÉRARD

PROCÈS-VERBAL

DE

DÉCLARATION DU JURY

CONTRE GRACCHUS BABEUF, etc.

23 et 24 Messidor, an 4.

EXTRAIT du Registre du Tribunal Correctionnel et des Directeurs du Jury d'accusation du Département de la Seine, séant au Palais de Justice.

CEjourd'hui vingt-trois Messidor, an 4 de la République française, une et indivisible.

Nous André Gérard, juge civil, et l'un des membres du Tribunal des Directeurs du Juri d'accusation, et procédant comme tel en cette affaire, accompagné du cit. Petit, l'un des Substituts du Commissaire du pouvoir exécutif et du cit.

Claude Debelle, commis-greffier, assermenté audit Tribunal, soussigné ; ayant eté averti que les citoyens, numéro 2, ChaillouLisi, 8, Santot; 12, Lemoine ; 15, Leclerc : , Cordonnier père; 9, Francotay ; 5, L'archer; et 4, Dacis, formant le tableau dudit Juri spécial, d'après le tirage au sort du dix-sept Messidor, présent mois, et destinés en consequence, à former l'assemblée de ce jour, étaient réunis dans la salle du Juri ; nous nous y sommes rendus : l'ouverture de la séance s'est faite par la promesse prescrite par la Loi qu'ils ont faite individuellement en présence dudit Substitut du Commissaire du pouvoir exécutif, sur l'acte d'accusation que j'allais leur présenter ; l'objet de l'accusation à eux soumise, leur a été exposé par la lecture de l'acte rédigé par nous contre les nommés

1º. Gracchus Babeuf, nàtif de St. Quentin, Département de l'Aisne, âgé de trente-quatre ans, homme de lettres, demeurant à Paris, rue du fauxbourg Honoré, numéro 29, division des Champs-Elisées, et retiré chez Tissot, tailleur d'habits ; rue de la grande Truanderie, numéro 21, où il a été arrêté.

2º. Philippe Buonarotti, nàtif de Florence, naturalisé Français, par décret de la Convention Nationale, âgé de trente-quatre ans, musicien, demeurant à Paris, rue d'Orléans, nº. 21, division de la Halle-au-Bled.

3º. Charles Germain, nàtif de Narbonne, Département de l'Aude, âgé de vingt-cinq ans, ex-lieutenant d'hussards, demeurant à Paris, rue de Carême-prenant, numéro 21, division de Bondi.

4º. Augustin-Alexandre Darthé, nàtif de St. Pol, Département du Pas de Calais, âgé de trente ans, ci-devant employé dans les bureaux de l'ancienne Agence du Commerce en Belgique, et ex-membre de l'Administration du Pas de Calais, demeurant à Paris, rue Honoré, numéro 366, division de la Place Vendôme.

5°. Jean-Baptiste Didier, natif de Couteau, Département de la Marne, âgé de trente-sept ans, ex-Juré au Tribunal Révolutionnaire de 1793, serrurier de profession, demeurant à Paris, rue Honoré, N°. 70 division de la Place Vendôme.

6°. Charles-Nicolas Pillé, âgé de trente-sept ans, natif de Montargis, Département du Loiret, ci-devant praticien et commis de marchand, demeurant à Paris, passage des Billettes, division des Droits de l'Homme.

7°. Guillaume-Gilles-Anne Massard, natif de Montfort, Département d'Ille et Vilaine, âgé de quarante-quatre ans, ancien chef de bataillon de Garde Nationale, sur la côte du Finistère, demeurant à Paris, rue Neuve-Egalité, division de Bonne-Nouvelle.

8°. Fion, ex-général, demeurant à Paris, rue Paul, près l'église, division de l'Arsenal, absent.

9°. Jean-François Ricord, natif de la Queüe, Département de l'Ain, âgé de trente-six ans, ex-membre de la Convention Nationale, demeurant à Paris, rue Florentin, numéro 5, division des Thuilleries.

10°. Joseph-François Laignelot, natif de Versailles, Département de Seine et Oise, âgé de quarante-quatre ans, ex-membre de la Convention Nationale, demeurant à Paris, rue de la Magdelaine, N°. 1425, division du Roulle.

11°. Robert Lindet, ex-membre de la Convention Nationale, demeurant à Paris, rue Honoré, numéro 90, division de la Place Vendôme, absent.

12o. Jean-Baptiste Cazin, âgé de quarante-huit ans, natif de Paris, ci-devant cuisinier-pâtissier, ex-inspecteur des travaux d'artillerie à l'arsenal, actuellement sans état, demeurant à Paris, rue de Cette, N°. 7, division des Quinze-Vingts.

13. Vacret, marchand fabriquant de bas, demeurant à Paris, rue Marguerite, fauxbourg Antoine, N°. 11, division de Montreuil, absent.

14°. Juste Moroi, ex-Secrétaire du commissaire de police de la division du Finistère, natif de Paris, âgé de quarante-cinq, ans, metteur en œuvre, demeurant à Paris, rue de l'Oursine, N°. 6, section du Finistère.

15°. Jean-Baptiste Goulard, âgé de quarante-un ans passés, natif de Paris, ci-devant imprimeur, commissaire de police de la division de l'Observatoire, y demeurant rue Jacques, N°. 226.

16°r Théodore Lamberté, natif de Provins, Département de Seine et Marne, âgé de vingt-huit ans, imprimeur demeurant à Chartrette, canton du Châtelet et actuellement à Paris, enclos Martin, division des Gravilliers, où il vient d'établir une imprimerie.

17°. Lambert Clerx; natif de Liège, âgé de cinquante-six ans, tailleur d'habits, demeurant à Paris, rue Babille, N°. 10, division de la Halle-aux-Bleds.

18°. Antoine Ficquet, natif de Valence, Département de la Drôme, âgé de trente-quatre ans, entrepreneur de bâtiment, demeurant à Paris, rue Carlot, N°. 12, division du Temple.

19°. Claude Ficquet, architecte, même demeure que le précédent.

20e· Guilhem , ancien courier de la Malle de Lyon, actuellement sans état, demeurant à Paris, rue de Carême-prenant, No. 21 , absent.

21°. François Dufour , nâtif de Châlamont , Département de l'Aid , âgé de quarante-quatre ans , menuisier , demeurant à Paris , rue Papillon , No. 551 , division du faurbourg Montmartre.

22°. Chrétien , limonadier , demeurant à Paris , place de la comédie Italienne , division de Brutus , absent.

25°. Maurice Duplay, nâtif de St. Didier , Département de la Haute-Loire , âgé de cinquante-neuf ans , ancien menuisier, demeurant à Paris , rue Honoré, No. 365, division de la Place Vendôme.

24°. Jacques-Maurice Duplay fils , nâtif de Paris , âgé de dix-ans passés , étudiant, demeurant rue Honoré , numéro 59, division de la Place Vendôme.

25°. Nicolas Morel, nâtif de Condé sur Flor , âgé de trente-deux ans , défenseur officieux et ci-devant secrétaire du comité de sûreté générale, demeurant à Paris, rue Thomas du Muséum , No. 26, division des Thuilleries.

36°. Jean-Antoine Mugnier, nâtif d'Aannecy, Département du Mont-Blanc, âgé de quarante-deux ans ou environ , tailleur d'habits , demeurant à Paris , place de Grève ; No. 72, division des Arcis.

27°. Monnier, ceinturonnier , demeurant à Paris ; rue de la Vannnerie , No. 46, division des Arcis, absent.

28°. Jacob Ryes , sellier , demeurant à Paris , rue du Mont-Blanc , No. 2 , division du Mont-Blanc , absent.

29°. Policarpe

29. Policarpe Pottofeux , natif de St. Quentin . Département de l'Aisne , âgé de 52 ans , homme de loi , demeurant à Laon.

31. Pierre-Joseph Crespin , natif de Pont-de-Vie , Département de l'Orne , âgé de 34 ans , menuisier , demeurant à Paris , rue et division des Gravilliers , numéro 30.

32. Pierre-Nicolas Vergne , natif d'Agnières , Département de l'Oise , âgé de 39 ans , commissaire de police de la division Lepelletier , demeurant à Paris , rue de Favart. No. 405

33. Jacques Cordas , natif de l'O , Département de la Manche , âgé de 40 ans , brodeur , demeurant à Paris , rue des Écrivains , No. 5 , division des Lombards.

34°. Jean-Pierre Lambert , natif de Paris , âgé de 52 ans passés , ancien orfèvre , ex-officier municipal du sixième arrondissement de Paris , y demeurant rue Denis , N. 54 , division des Amis de la Patrie.

35°. Menessier , demeurant à Paris , rue Montmartre , No. 52 , section de Brutus , absent.

36°. Jean-Baptiste Breton , natif de Poyan , Département de la Haute-Saône , âgé de 52 ans , marchand de vin , demeurant à Paris , rue Guérin-Boisseau , N. 4 , division des Amis de la Patrie.

37°. Jeanne Ansiot , épouse dudit Breton , âgée de 35 ans , native de Turigny . Département des Vosges , âgée de 35 ans , demeurant à Paris , rue Guérin-Boisseau , No. 41 , même division.

37. Joseph Monnard , chapelier , demeurant à Paris , rue Denis , No. 3 , division de Bon-Conseil , absent.

E.

40°. Marie-Louise Adbin, épouse dudit Monnard, native de Verrières ; Département de Seine et Oise, âgée de 48 ans, demeurante susdite rue Denis, même numéro et division.

39. Marie-Sophie Lapierre, native de Paris, âgée de 24 ans, brodeuse, demeurante chez ladite femme Monnard sa tante, rue Denis, N°. 3.

40. François Thierry, natif de Gien, Département du Loiret, âgé de 40 ans, cordonnier pour femme, demeurant à Paris, rue de la vieille-Monnaye, division des Lombards.

41. Jean-Charles Drouin, natif de Paris, âgé de 25 à 26 ans, Tisserand et ci-devant fusillier dans la légion de police, licencié, sans domicile, sortant de l'Hôpital du Val de grâce.

42. Marie-Adélaide Lambert, native de Paris, âgée de 25 ans, faisant le courtage, et travaillant en linge, demeurante rue et section du Temple, au ci-devant couvent Elizabeth.

43°. Nicole Pognon, native de Stenay, ci-devant Lorraine, âgée de 47 ans, femme de Jean Martin, gardien de la maison d'arrêt des Magdelonnettes, elle marchande de fruits et légumes, demeurante à Paris, rue des Fontaines, division des Gravilliers.

44. Louis Taffoureau, natif, de St. Omer, âgé de 29 ans, fabriquant de bas, demeurant lieu et commune de St. Omer, rue de la Constitution, N°. 29.

45. André Amar, natif de Grenoble, Département de l'Isère, âgé de 41 ans, ex-membre de la Convention Nationale, demeurant à Paris, rue du Bacq, N°. 467, division de la Fontaine de Grenelle.

46°. Guillaume-Alexis Vadier, natif de Pamiers, Départe-
de l'Arriège, âgé de 80 ans, ex-membre conventionnel,
demeurant à Paris, rue de Verneuil, division de la Fontaine
de Grenelle, arrêté à Toulouse.

47°. Le nommé Antonnelle, ex-membre de la seconde
Législature, demeurant à Paris, rue Helvétius, N°. 5-5,
maison garnie dite de la République de Gênes, tenue par le
cit. Lebreton, absent.

48. Le nommé Biaude, ex-commissaire de police de la
section des Amis de la Patrie, demeurant à Paris, rue Martin,
N°. 347, même division, absent.

49. Le nommé Bouin, ex-Juge de paix de la division des
Marchés, demeurant à Paris, rue Denis, susdite division,
absent.

5o. Le nommé Parrein, ex-général, indiqué demeurant
à Paris, chez la cit. Bellard, marchande à la Halle,
domicilié rue de la Tacherie, division des Arcis, absent.

51o. Joseph Bodson, demeurant à Paris, rue du Battoir,
N°. 19, division du Théâtre Français, absent.

52o. Louis-Jacques Blondeau, âgé de vingt-neuf ans, natif
de Paris, sellier, sans domicile.

53°. Et François-Paul Boudin, âgé de quarante-huit ans
natif de Paris, tourneur en bois, demeurant rue Marguerite,
fauxbourg Antoine, N°. 36, division de Montreuil.

Tous prévenus d'une conspiration tendante à troubler la
République par une guerre civile, en armant les citoyens
les uns contre les autres, et en les armant contre l'exercice de l'autorité légitime, à opérer la dissolution des deux
Corps législatifs et celle du Directoire, des membres des

autorités civiles et militaires, au rétablissement de la constitution de mil sept cent quatre vingt-treize et de tout autre gouvernement que celui établi par la constitution de l'an trois, acceptée par le peuple français : à l'invasion des propriétés publiques, au pillage et au partage des propriétés particulières ; qu'Amar, l'un des susnommés et en outre prévenu de contravention à la loi du 21 floréal dernier, délit prévu par l'article premier de la loi du 27 germinal dernier, et par la loi du 21 floréal suivant.

Nous leur avons ensuite expliqué les fonctions qu'ils avaient à remplir, et leur avons remis les pièces et procédures ; à l'exception des déclarations écrites des témoins et des interrogatoires des prévenus ; après lecture desquelles pièces, les témoins produits ont été entendus de vive voix, et séparément, ainsi qu'il suit ; savoir :

1°. Le cit. Jean-Nicolas Barbier, âgé de cinquante ans, commissaire des guerres, demeurant à Versailles, maison dite les Petites Ecuries.

2°. Le cit. Gaspard-Arronte-Tessier Bothereau, âgé de trente-six ans, négociant, demeurant à Versailles, rue du Commerce.

3°. Le cit. Nicolas-Charles-Daniel, âgé de trente ans, traiteur, demeurant à Franciade, rue de Paris, à l'enseigne des trois maillets.

4°. Le cit. Louis-Henry Sauzade, âgé de . . . . ans . . . . demeurant rue de Carême-prenant.

5°. Le cit. Henri Rondeau, dragon, âgé de vingt-cinq ans, brigadier, demeurant à la caserne des anciennes forges, place et section des invalides.

6°. François Vachot, âgé de vingt-huit ans, général de brigade, employé à Paris, demeurant passage Montpensier, maison Egalité.

7°. Le cit. Claude-François Fortaire, âgé de trente ans, brigadier de dragons, demeurant présentement à la caserne de la place et section des invalides.

8°. Le cit. François Lemoine, dragon, âgé de vingt-sept ans, demeurant à Paris, caserne de la place et section des invalides.

9°. Le cit. Antoine Pelet, âgé de vingt-quatre ans, dragon de la onzième compagnie, demeurant à la caserne de la place et division des invalides.

10°. Le cit. Antoine Lescot, âgé de vingt-cinq ans, dragon de la onzième compagnie du vingt-unième régiment.

Capitaine Latour demeurant actuellement à la caserne des invalides.

11°. Le cit. Juste Odon, âgé de vingt-huit ans, dragon de la onzième compagnie, demeurant à la caserne de la place et division des invalides.

12°. Le cit. Georges Grisel, âgé de 31 ans, capitaine au troisième bataillon de la trente-huitième demi-brigade d'infanterie, actuellement au camp de Grenelle, y résidant.

13°. La cite. Anne Martin, âgé de 28 ans, épouse de Jacques Tissot, tailleur, d'habit, demeurant à Paris, rue de la grande Truanderie, N°. 21.

14°. La cite. Geneviève-Jacqueline Deflet, femme Dusarget, âgée de 32 ans, marchande de porcelaine, demeurant rue du temple, N°. 131, maison d'un boulanger.

15°. La cit°. Marie-Marguerite Voisin, femme Leron, âgée de trente-quatre ans, menuisière, demeurante à Paris rue Marguerite, fauxbourg Antoine, N°. 25.

16°. Le cit. Gabriel Dessale, âgé de trente-deux ans, Grainier, demeurant rue Denis, au coin de la rue du Ponceau, N°. 53.

17°. François Lecomte, âgé de cinquante-deux ans, menuisier, demeurant à Paris, rue du fauxbourg Antoine, N°. 24, section de Montreuil.

18°. Le cit. Jean-Charles Thiebaut, âgé de trente-deux ans, portier, maison de la conception, rue Honoré, N° 70.

19°. Le cit. Henry-Louis Naudin, âgé de quarante ans, sculpteur en bois, demeurant rue Marguerite, N°. 24, fauxbourg Antoine.

20°. Le cit. François-Joseph Nanteuil, portier, âgé de cinquante ans, demeurant à Paris, rue Dominique d'enfer, N°. 8, division de l'observatoire.

21°. Le cit. André Brunmiller, âgé de trente-sept ans, employé à la police, demeurant à Paris, cloître Benoit, N°. 372.

22°. Le cit. Nicolas-Benoît Cléreaut, âgé de trente ans, jardinier, demeurant rue de la Santé, N°. 5., section de l'Observatoire.

23°. Le cit. Pierre Galopin, âgé de trente-trois ans, tonnelier, demeurant à Paris, rue Jacques, N°. 274.

24°. Le cit. Jean Boucher, âgé de vingt-neuf ans, cordier demeurant à paris, rue du fauxbourg Jacques, N°. 267.

25°. Le cit. André-François Knapen, âgé de soixante

huit ans, imprimeur, demeurant à Paris, rue André-des-
arts, vis-à-vis la place du bas du Pont-Michel, division du
Théâtre français.

26°. Le cit. Pierre Millet, expert-imprimeur, âgé de 41
ans, demeurant rue de la Tixeranderie, vis-à-vis la rue
des Mauvais-Garçons.

27°. Le cit. Alexis-Joseph Harger, âgé de soixante ans,
expert-écrivain, demeurant à Paris, rue des Rosiers, N°
12, division des Droits de l'Homme.

28°. Le cit. Jean-François Guillaume, âgé de 60 ans,
expert-écrivain, demeurant à Paris, rue Geoffroy-Langevin,
division de la Réunion.

29°. Jean-Noël Barbier, âgé de 22 ans, ex-légionnaire
détenu en vertu d'un Jugement de commission militaire, à
la maison de force de Bicêtre, d'où il a été extrait pour
être entendu devant les Jurés susdits.

30°. Jean-Baptiste Meunier, âgé de 19 ans et demi, ci-
devant chasseur, actuellement détenu à la maison d'arrêt de
la Force, en vertu de jugement de commission militaire,
et d'où il a été extrait pour être entendu par les Jurés susdits.

31. Alexandre Cognon, âgé de vingt-sept ans et demi, ex-
légionnaire, actuellement détenu à la maison d'arrêt de la
Force, en vertu de jugement de commission militaire, et d'où
il a été extrait, pour être entendu devant les Jurés.

Ce fait, nous nous sommes retirés pour laisser les Jurés
délibérer entr'eux, et sans désemparer; nonobstant qu'il soit,
onze heures du soir sonnées; pendant lequel tems, nous
sommes restés en notre cabinet des instructions, accompagnés
et assistés comme dit est.

Et averti à cinq heures du matin du 24 dudit mois, que la délibération desdits Jurés était finie, nous sommes rentré en la salle susdite, et le cit. Cordonnier père, chef des Jurés nous a remis, en leur présence, l'acte d'accusation contre les susnommés, revêtu de leur déclaration signée de lui, portant : *oui, il y a lieu.*

Dont et de ce que dessus, a été dressé le présent procès verbal, lesdits jour et an que dessus, et avons signé avec ledit commis-greffier.

Délivré la présente expédition conforme à la minute par moi greffier soussigné.

Signé DENOUVILIERS.

ORDONNANCE
DE PRISE DE CORPS
CONTRE LES NOMMES

Babeuf, Buonarotti, Germain, Darthé, Didier, Pillé, Laignelot, Lindet, Cazin, Vacret, Moroy, Goulard, Lamberte, Clerx, Antoine Ficquet, Claude Ficquet, Guilhem, Dufour, Chretien, Duplay, père, Duplay fils, Morel, Mugnier, Monnier, Reys, Philipp, Pottofeux, Crespin, Vergne, Cordas, Lambert, Menessier, Breton, Ansiot, femme Breton, Monnard, Adbin, femme Monnard, Lapierre, Thierry, Droum, fille Lambert, Pognon, femme Martin, Taffoureau, Amar, Vadier, Antonelle, Bau ie, Bouin, Parrein, Bodson, Blondeau et Boudin.

DE PAR LA LOI.

NOUS soussigné André Gérard, Juge, l'un des Directeurs du Jury d'accusation de l'arrondissement du Canton de Paris, Département de la Seine, séante au Palais de justice.

Vu la déclaration du Juri d'accusation, étant ensuite de l'acte d'accusation dont la teneur suit, etc. (1)

1°. Gracchus Babeuf, journaliste, âgé de trente-quatre ans, natif de St. Quentin, Département de l'Aisne, demeurant rue du fauxbourg Honoré, numéro 29, section

(1) Voir le recueil des actes d'accusation, page 1.

des Champs-Elisées, taille de cinq pieds deux pouces, cheveux et sourcils châtains, yeux bleus, front moyen, nez ordinaire, bouche moïenne, une espèce de cicatrice à la joue droite, près la bouche, menton quarré, visage ovale; détenu au temple.

2°. Charles Germain, âgé de vingt-cinq ans, natif de Narbonne, Département de l'Aude, lieutenant d'hussards destitué, demeurant à Paris, rue de Carême-prenant, numéro 21, division de Bondi, taille de cinq pieds, cinq pouces, cheveux et sourcils châtains, front bombé, cicatrisé au milieu du front, nez gros et retroussé, bouche grande, menton rond, visage plein, yeux bleus et couverts; détenu au temple.

3°. Philippe Buonarotti, musicien, âgé de trente-quatre ans, natif de Florence naturalisé Français, par décret de la Convention Nationale, du 27 mai, mil sept cent quatre-vingt-treize, vieux style, demeurant à Paris, rue d'Orléans-Honoré, n°. 21, section de la Halle-au-Bled, taille de cinq pieds, quatre à cinq pouces, cheveux et sourcils châtains, yeux bruns, gros nez un peu ouvert, bouche moïenne, menton rond, front élevé, visage oval; détenu au temple.

4°. Augustin-Alexandre Darthé, âgé de trente ans, natif de St. Pol, Département du Pas de Calais, employé dans les bureaux de l'ancienne Agence du Commerce en Belgique, demeurant à Paris, rue Honoré, numéro 366, section de la Place Vendôme, taille de cinq pieds, deux pouces, cheveux et sourcils brun-foncé, front haut, yeux gris, nez petit et pointu, bouche petite, menton rond, visage idem et marqué de petite vérole, une petite cicatrice au milieu du front; détenu au temple.

5°. Jean-Baptiste Didier, âgé de trente-sept ans, natif

de Couteau , Département de la Marne , serrurier , demeurant à Paris , rue Honoré , N°. ─o section de la Place Vendôme. taille de cinq pieds, trois pouces et demi, cheveux et sourcils châtains, front très-découvert, yeux gris, nez ordinaire, bouche moyenne, menton rouge, visage ovale et uni; détenu au temple

6o. Charles-Nicolas Pillé , âgé de vingt-neuf ans , natif de Montargis , Département du Loiret , commis-marchand , ayant travaillé dans la pratique, demeurant rue Croix-de la-Bretonnerie, passage des Billettes, section des Droits de l'Homme ; taille de cinq pieds, cheveux et sourcils noirs , front quarré, nez bien fait, yeux noirs, bouche moyenne , menton rond, front large, visage oval, détenu à la maison d'arrêt de l'abbaïe.

7o. Guillaume-Gilles-Anne Massard , âgé de quarante-quatre ans, natif de Montfort, Département d'Ille et Vilaine , ancien chef de bataillon de Garde Nationale , sur la côte du Finistère, demeurant à Paris, rue Neuve-Egalité , section de Bonne-Nouvelle , taille de cinq pieds , quatre à cinq pouces, cheveux et sourcils châtains foncés , yeux gris, bouche ordinaire, nez bien fait, menton rond, front large, visage oval ; détenu au temple.

8o. Fion, ex-général , demeurant rue Coqchéron, maison de France, division du mail, absent.

9o. Jean-François Ricord , âgé de trente-six ans , natif de la Queüe, Département de l'Ain, ex-membre de la Convention Nationale , demeurant actuellement à Paris, rue Florentin, N°. 5, section des Tuileries; taille de cinq pieds, deux pouces, cheveux et sourcils châtains foncés, yeux bruns, front bas, nez ordinaire, bouche moïenne, menton pointu; visage oval; détenu à la maison d'arrêt de l'abbaïe.

10°. Joseph-François Laignelot, âgé de quarante-quatre ans, natif de Versailles, Département de Seine et Oise, ex-membre de la Convention Nationale, demeurant rue de la Magdelaine, fauxbourg Honoré, N°. 1425, section du Roule, taille de cinq pieds deux pouces, environ, cheveux grisâtres, sourcils châtains, visage plein, front bas; yeux bruns, bouche moïenne, nez ordinaire, menton un peu fourchu; détenu à l'abbaïe.

11°. Robert Lindet; ex-membre de la Convention Nationale, demeurant à Paris, rue Honoré, numéro 90, division de la Place Vendôme, absent.

12°. Jean-Baptiste Cazin, âgé de quarante-huit ans, natif de Paris, Département de la Seine, cuisinier-pâtissier avant la révolution, ensuite inspecteur des travaux d'artillerie à l'arsenal de Paris, actuellement sans emploi, demeurant à Paris, rue de Cotte, N°. 7; division des Quinze-Vingts; taille de quatre pieds dix pouces, cheveux et sourcils châtains, front large, nez gros, yeux gris, bouche ordinaire, menton allongé, visage maigre; détenu au temple.

13°. Vacret, marchand fabriquant de bas, demeurant fauxbourg Antoine, rue Marguerite, N°. 11., absent.

14°. Juste Moroi, âgé de quarante-cinq ans, natif de Paris, metteur en œuvre, demeurant à Paris, rue de l'Oursine, N°. 6, section du Finistère, taille de cinq pieds, cheveux et sourcils châtains, front haut, nez gros, yeux bleus, bouche moïenne, menton rond, visage oval; détenu au temple.

15°. Jean-Baptiste Goulard, âgé de quarante-un ans natif de Paris, commissaire de police de la section de l'Observatoire, demeurant rue Jacques, N°. 226.; taille de cinq pieds deux pouces et demi, cheveux et sourcils châtains, yeux gris, front large, nez ordinaire, bouche moyenne, menton et visage rond ; détenu en la maison d'arrêt de l'Ev...

16°. Théodore Lambert, âgé de vingt-huit ans, imprimeur, demeurant enclos Martin, section des Gravilliers, taille de cinq pieds un pouce, cheveux et sourcils châtains, yeux bruns, front ordinaire et ...vert, nez un peu aquilin, bouche grande, menton rond, visage ovale un peu de petite vérole ; détenu à la maison d'arrêt de l'Abbaye.

17°. Lambert Clerx, âgé de cinquante-six ans, natif de Liège, tailleur, demeurant à Paris, rue Béthisi, N°. 10, section de la Halle-aux-Bleds ; taille de cinq pieds, un pouce environ, cheveux et sourcils châtains, front bas, bouche moienne, nez ordinaire, menton rond, yeux gris, visage rond ; détenu en la maison d'arrêt de l'Abbaye.

18°. Antoine Ficquet, natif de Valence, Département de la Drôme, âgé de trente-quatre ans, entrepreneur de bâtiment, demeurant à Paris, rue Charlot, au Marais, N°. 12, division du Temple, taille de cinq pieds cinq pouces, cheveux et sourcils noirs, yeux bruns, front bas, nez moien, bouche idem, menton rond, visage ovale un peu marqué de petite vérole ; détenu à la maison d'arrêt de l'Abbaye.

19°. Claude Ficquet, architecte, même demeure que dessus, absent.

20°. Guilhem, ancien courier de la Malle de Lyon, actuellement sans état, demeurant à Paris, rue de Carême-prenant, N°. 21, division d Bondi, absent.

21°. François Dufour, natif de Châlamont, Département de l'Ain, âgé de quarante-quatre ans, menuisier, demeurant à Paris ; rue Papillon ; N°. 551, section du fauxbourg Montmartre ; taille de cinq pieds ; six pouces, environ, cheveux châtains, front large, nez aquilain, yeux bruns bouche moïenne, menton rond, visage ovale ; détenu en la maison d'arrêt de l'abbaïe.

22°. Chrétien, limonadier, demeurant à Paris, rue du du Théâtre de la comédie Italienne, absent.

23°. Maurice Duplay, âgé de cinquante-neuf ans, natif de St. Didier, Département de la Haute-Loire, ancien menuisier, demeurant à Paris, rue Honoré, N°. 366, division de la Place Vendôme ; taille de cinq pieds six pouces et demi, cheveux et sourcils châtains, front haut, nez ordinaire, yeux bleus, bouche grande, menton rond, visage ovale ; détenu en la maison d'arrêt du Plessis.

24°. Jacques-Maurice Duplay âgé de dix-huit ans passés, natif de Paris, étudiant, demeurant à Paris, rue Honoré, numéro 59, division de la Place Vendôme : taille de cinq pieds, neuf à dix pouces, cheveux et sourcils châtains bruns, front couvert, nez bien fait, bouche moïenne, menton rond, visage ovale ; détenu en la maison d'arrêt du plessis.

25°. Nicolas Morel, âgé de trente-deux ans, natif de Condé sur Yton, Département de l'Eure, défenseur officieux et ci-devant secrétaire du comité de sûreté générale, demeurant rue Thomas du Louvre, N°. 269 ; taille de cinq pieds, cheveux et sourcils châtains, yeux gris-bleu, nez pointu, bouche moïenne, menton relevé, front étroit, visage ovale ; détenu en la maison d'arrêt du plessis.

26°. Jean-Antoine Mugnier, âgé de quarante-deux ans, natif d'Annecy, Département du Mont-Blanc, tailleur d'habits, demeurant à Paris ; place de Grève ; numéro

72, division des Arcis, taille de cinq pieds un pouce, cheveux et sourcils châtains foncés, front couvert, yeux bruns, nez un peu allongé, bouche moïenne, menton rond et visage ovale, détenu au plessis.

27°. Monnier, ceinturonnier, demeurant à Paris, rue de la Vannnerie, N°. 45, division des Arcis, absent.

28°. Jacob Reys, sellier, demeurant à Paris, rue du Mont-Blanc, N°. 2, absent.

29°. Pierre Philip, âgé de quarante-six ans, natif de Bordeaux, Département de la Gironde, ex-capitaine de navire, ci-devant commissaire de l'habillement des troupes, demeurant à Paris, rue Lepelletier, N°. 21, division du Montblanc; taille de cinq pieds deux pouces, cheveux et sourcils grisons, front découvert, yeux gris, nez long, bouche ordinaire, menton rond, visage ovaele, marqué de petite vérole; détenu à l'abbaïe.

30. Policarpe Pottofeux, âgé de 32 ans, nâtif de St. Quentin, homme de loi, demeurant à Laon, Département de l'Aisne, taille de cinq pieds deux pouces, cheveux et sourcils châtains blonds, yeux bleus, front quarré, nez ordinaire pointu, bouche moyenne, menton rond, visage ovale; détenu en la maison d'arrêt du plessis.

31. Pierre-Joseph Crespin, âgé de 34 ans, nâtif de Pont-de-Vie, Département de l'Orne, menuisier, demeurant rue et division des Gravilliers, numéro 30; taille de cinq pieds un pouce, cheveux et sourcils châtains, front bas, nez moïen, yeux bleus, bouche ordinaire, menton rond, visage ovale; détenu en la maison d'arrêt de l'abbaïe.

32. Pierre-Nicolas Vergne, âgé de 37 ans, nâtif d'Agnées Département de l'Oise, commissaire de police de la division

Lepelletier, demeurant rue de Favart, N°. 456 ; susdite division Lepelletier ; taille de cinq pieds quatre pouces, cheveux et sourcils châtains, front découvert, nez ordinaire, yeux gris, bouche moïenne, menton creux, visage ovale ; détenu à la maison d'arrêt de l'abba e.

33. Jacques Cordas, âgé de 49 ans, natif de Saint.l'O, Département de la Manche, brodeur, demeurant à Paris, rue des Écrivains, N°. 8, section des Lombards ; taille de cinq pieds un pouce, cheveux et sourcils bruns, front découvert nez long, yeux gris, bouche moïenne, menton allongé, visage long ; détenu en la maison d'arrêt du plessis.

34°. Jean-Pierre Lambert, âgé de 52 ans passés, natif de Paris, ancien orfèvre, demeurant rue Denis, N°. 54, section des Amis de la Patrie ; taille de cinq pieds deux pouces, cheveux et sourcils châtains, front bas et rond ; nez court et gros, bouche moïenne, menton rond, visage allongé, yeux gris-bleu ; détenu en la maison d'arrêt du plessis.

55. Menessier, demeurant à Paris, rue Montmartre, N°. 32, section de Brutus, absent.

36°. Jean-Baptiste Breton, âgé de 52 ans, natif de Poyan, Département de la Haute-Saône, marchand de vin, demeurant à Paris, rue Guérin-Boisseau, N°. 4, section des Amis de la Patrie ; taille de cinq pieds trois pouces et demi, cheveux et sourcils châtains, yeux bleus, front très-découvert, nez un peu aquilin, bouche moïenne, menton rond, visage ovale, ayant quelques taches de rousseur ; détenu en la maison d'arrêt du plessis,

37°. Jeanne Ansiot, épouse de Jean Baptiste Breton, marchand de vin, précédemment qualifiée et domiciliée, et avec lequel avec lequel elle demeure, âgée de 35 ans, natif de Tirigny, Département des Vosges ; taille de cinq pieds, cheveux et sourcils châtains, front rond, yeux gris, nez long, bouche moyenne, menton rond, visage ovale cicatrisé ; détenu en la maison d'arrêt du plessis.

38. Marie-Louise Adbin, femme Joseph Monnard, chapelier, âgée de quarante-huit ans, native de Verrier, Département de Seine et Oise, demeurant rue Denis. N° 3, division de Bon-Conseil ; taille de quatre pieds et demi, cheveux et sourcils noirs, yeux bleus, front ordinaire, nez petit, bouche moyenne, menton pointu et court, visage ovale, détenue en la maison d'arrêt de Pélagie.

39. Marie-Sophie Lapierre, native de Paris, âgée de 24 ans et demi, brodeuse, demeurant à Paris, rue Denis, N°. 3 ; division de Bon-Conseil, taille de quatre pieds, dix pouces, cheveux et sourcils blonds, front élevé, yeux bleus, nez bien fait, bouche ordinaire, menton et visage ronds, détenu en la maison d'arrêt de la petite force.

40. François Thierry, âgé de 40 ans, natif de Gien, Département du Loiret, cordonnier pour femme, demeurant rue de la vieille-Monnaye, No. 6, division des Lombards ; taille de cinq pieds un pouce, cheveux et sourcils bruns, front bas, yeux gris, nez pointu, bouche moyenne, menton rond, visage ovale, détenu à la maison d'arrêt du plessis.

41. Jean-Charles Drouin, âgé de 25 à 26 ans, natif de Paris, Tisserand et ci-devant fusillier dans la légion de police, sans demeure ; taille de cinq pieds, trois pouces, cheveux et sourcils châtains foncés, front étroit, yeux bruns, nez grand, bouche petite, menton rond, visage oblond ; gravé détenu en la maison d'arrêt du plessis.

G

42. Marie-Adélaïde Lambert, native de Paris, âgée de 25 ans. faisant le courtage, et travaillant en linge, demeurante à Paris, rue du Temple, N°. 142, maison du ci-devant couvent Elizabeth, division des Graviliers, taille de quatre pieds huit pouces, cheveux et sourcils bruns, yeux gris, front couvert, nez bien fait, bouche moïenne, menton et visage rond, marqué de petite vérole; détenue en la maison d'arrêt au Plessis.

43°. Marie-Nicole Pognon, femme de Jean Martin, âgée de 47 ans, native de Stenay, ci-devant Lorraine, revendeuse de fruits, demeurante rue des Fontaines, N°. 5, division des Gravilliers; taille de quatre pieds six pouces cheveux et sourcils châtains-bruns, front ordinaire, nez gros et long bouche moïenne, yeux bruns, menton rond, visage ovale; détenue en la maison d'arrêt de la petite force.

44°. Louis Tafforreau, âgé de 29 ans, natif de St. Omer, fabriquant de bas, demeurant à ladite commune de St. Omer rue de la Constitution, N°. 29; taille de cinq pieds cinq pouces, cheveux et sourcils châtains, yeux bleus, front ordinaire, nez moïen, bouche ordinaire, menton rond, visage ovale; détenu à l'abbaïe.

45. André Amar, âgé de 41 ans, natif de Grenoble, Département de Lisère, ex-membre de la Convention Nationale, demeurant à Paris, rue du Bacq, N°. 467, division de la Fontaine de Grenelle, taille de cinq pieds deux pouces, cheveux et sourcils bruns, yeux idem, front ordinaire, nez long, bouche moïenne, menton rond, barbe épaisse, visage ovale marqué de petite vérole, détenu en la maison d'arrêt de l'abbaïe.

46°. Marc-Guillaume-Alexis Vadier, âgé de 60 ans, natif de

Pamiers , Département de l'Arriège , ex-conventionnel, demeurant à Paris, rue de Verneuil , division de la Fontaine de Greuelle, taille de cinq pieds six pouces, cheveux et sourcils bruns, yeux gris, front ordinaire, nez long , bouche moïenne , menton rond , visage ovale et ridé, détenu en la maison d'arrêt de l'abbaïe.

47.º . . . . . . Antonnelle, ex-membre de l'assemblée Législative, demeurant à Paris, maison dite de la République de Gênes , rue Helvétius, Nᵒ. 5, division de la Butte-des Moulins , absent.

48· . . . . . . Baude, ex-commissaire de police de la division des Amis de la Patrie, demeurant à Paris, rue Martin, maison numérotée Nᵒ. 347, susdite division , absent.

49. . . . . Bouin, demeurant à Paris, rue Denis, Nᵒ. 14, section des Marchés, absent.

50. . . . . . . Parrein , ex-général, indiqué demeurer rue de la Tacherie, chez la sœur. Bellard , marchande à la Halle ; section des Arcis, absent.

51º. Joseph Bodson , demeurant à Paris, rue du Battoir, Nᵒ. 19, division du Théâtre Français , absent.

52º. Louis-Jacques Blondeau, âgé de vingt-neuf à trente ans, natif de Versailles, sellier, sans domicile, taille de cinq pieds quatre pouces, cheveux et sourcils châtains, yeux gris, front bas, nez gros et long, bouche moïenne , menton rond, visage ovale ; avec une cicatrice à la joue gauche , détenu en la maison d'arrêt de l'abbaïe.

53º. Et François-Paul Boudin, âgé de près de quarante-huit ans, natif de Paris, tourneur en bois , demeurant rue Marguerite, fauxbourg Antoine, Nᵒ. 36, section de Montreuil.

taille de quatre pieds dix pouces, cheveux et sourcils gris; front large, nez aquilin, yeux bleus, bouche moïenne; menton pointu; visage ovale, détenu en la maison d'arrêt de l'abbaïe.

Seront pris et appréhendés au corps, transférés et conduits sous bonne et sûre garde dans la maison de Justice du Tribunal de la Haute-cour de Justice; et ce, dans le lieu qui sera indiqué par le conseil des Cinq-cents, aux termes de l'article CCLXVIII de la constitution; et écroués sur les registres d'icelle maison de Justice.

Mandons aux Huissiers du Tribunal, ou autres sur ce requis de mettre à exécution la présente ordonnance, de laquelle soit donné copie aux nommés ci-dessus; et des autres parts, et qui sera notifiée tant aux membres du Bureau central de police de Paris, qu'aux première, deuxième, troisième, quatrième, cinquième, sixième, septième, huitième, dixième, onzième et douzième Municipalité du Canton de Paris; ainsi qu'à la Municipalité de Laon, Département de l'Aisne, et celle de St. Omer; Département du Pas de Calais, dans lesquelles deux dernières Municipalités demeuraient Pottofeux et Taffoureau; deux des prévenus;

Fait à Paris, au Palais de Justice, ce vingt-trois messidor, an quatrième de la République française, une et indivisible.

Signé GERARD.

ORDONNANCE

DE TRADUCTION
DEVANT LE JURY D'ACCUSATION

CONTRE les nommés Cochet, Toulotte,
Rossignol, Lepelletier et Jorry.

Nous André Gérard, juge civil, et l'un des Directeurs du Juri d'accusation du Canton de Paris, Département de la Seine, séant au Palais de Justice.

Après examen fait de la procédure poursuivie contre les hommes François-Norbert Daniel Cochet, Eustache-Louis-Joseph Toulotte, détenus; Félix Lepelletier, dit de St Fargeau; l'ex général Rossignol, et Sébastien-Louis-Gabriel Jorry; ces trois derniers absents; les deux premiers interrogés, et vû les conclusions du commissaire du pouvoir exécutif. Attendu que les susnommés sont prévenus d'avoir pris part à une conspiration tendante à troubler la République; à opérer la dissolution des deux conseils législatifs; du Directoire exécutif, et des autorités civiles et militaires; à armer les citoyens les uns contre les autres, à l'invasion des propriétés publiques, au pillage et au partage des propriétés particulières; et le nommé Cochet prévenu en outre de contravention à la loi du 21 floréal dernier, que ces délits sont prévus par l'article 1er. de la loi du 27 germinal; et par l'article premier de la loi du 21 floréal dernier; et qu'ils emportent peine afflictive: disons que les susnommés, seront traduits devant le Juri spécial d'accusation;

conformément à l'article CCXX du code des délits et des peines.

Fait à Paris au Palais de Justice, le 2 Thermidor, l'an 4 de la République française, une et indivisible.

Signé GÉRARD

COPIE

DU

TABLEAU

En exécution de l'article DI de la Loi du 3 Brumaire, an 4 de l'Ère républicaine, des Citoyens composans la séance du Jury spécial d'accusation du Canton de Paris, du 23 Thermidor, an 4 de la République.

CITOYENS;

2. Chaillou Lizy.
8. Solon.
22. Moine.
16. Leclerc.
31. Cordonnier.
9. Francotay.
3. L'Archer.
4. Ducis.

À Paris, au Palais de Justice, ce 23 Thermidor, l'an 4 de la République française, une et indivisible.

Signé GÉRARD, Juge, l'un des Directeurs du Juri d'accusation.

COPIE

DU

TABLEAU

En exécution de l'article DI de la Loi du 3 Brumaire, an 4 de l'Ère républicaine, des Citoyens composans la séance du Jury spécial d'accusation du Canton de Paris, du deux Thermidor, an 4 de la République française, une et indivisible.

Nos. de la Liste
générale.

9 . . . . . Handlay.
8 . . . . . Rudler.
3 . . . . . Bret l'aîné.
2 . . . . . Chaillou Lizy.
12 . . . . . Morice.
6 . . . . . Ducis.
1 . . . . . Mury.
4 . . . . . L'Archer.

A Paris, au Palais de Justice, ce deux Thermidor, l'an 4 de la République française, une et indivisible.

Signé GERARD, Juge, l'un des Directeurs du Juri d'accusation.

PROCÈS-VERBAL

DE

DÉCLARATION DU JURY

CONTRE LES NOMMÉS

Toulotte, Cochet, Lepelletier, Rossignol et Jorry.

EXTRAIT du Registre du Tribunal Correctionnel et des Directeurs du Jury d'accusation du Département de la Seine, séant au Palais de Justice.

CEjourd'hui deux Thermidor, an 4 de la République française, une et indivisible, nous André GÉRARD, juge, l'un des membres du Tribunal, et Directeur du Juri d'accusation du Canton de Paris, Département de la Seine, accompagné du cit. PETIT, substitut du Commissaire du pouvoir exécutif, et du commis-greffier, soussigné; ayant été averti que les cit. 9. Francotay, 8. Rudler, 3. Biet l'aîné, 2. Chaillou Lizy, 12. Moine, 6. Ducis, 1. Mury et 4. l'Archer, formant le tableau du Juri spécial, d'après le tirage au sort du vingt-sept messidor, dernier, et destinés en conséquence, à former l'assemblée de ce jour, étaient réunis dans la salle du Juri ; nous nous y sommes rendus; l'ouverture de la séance s'est faite par la promesse prescrite par la Loi, qu'ils ont faite individuellement, en présence dudit commissaire du pouvoir exécutif

exécutif, sur l'acte d'accusation que j'allais leur [...]
l'objet de l'accusation à eux soumise, [...]
par la lecture de l'acte rédigé par nous [...]

1°. Eustache-Louis-Joseph Toulotte, pharm[...]
vingt-trois ans, natif de St. Omer, y demeurant [...]
et ex-employé à l'Hospice militaire du [...]
depuis, place Maubert, N°. 6, maison garnie dite M[...]
Michel, division du Panthéon.

2°. François-Norbert-Daniel Cochet, âgé de [...]
natif de St. Omer, y demeurant ordinairement [...]
ment du Pas de Calais, marchand log[...] à Paris, [...]
garnie du Mont-Michel, place Maubert, N°. 6, division [...]
Panthéon.

3°. Félix Lepelletier de St. Fargeau, demeurant à Paris,
rue Culture-catherine, division de l'indivisibilité, absent.

4°. Le nommé Rossignol, ex-général, demeurant à Paris,
rue Paul, division de l'arsenal, absent.

Et 5°. Sébastien-Louis-Gabriel Jorry, ex-adjudant général,
demeurant à Paris, rue de Bièvre, N°. 57, division des
Plantes, absent.

Tous prévenus d'avoir participé à une conspiration tendante
à troubler la République, à opérer la dissolution des deux
Conseils législatifs, du Directoire exécutif, et des autorités
civiles et militaires, à armer les citoyens les uns contre les
autres, à l'invasion des propriétés publiques, au pillage
et au partage des propriétés particulières ; et ledit Cochet,
prévenu en outre de contravention à la loi du 21 floréal
dernier. Nous avons ensuite expliqué auxdits jurés les
fonctions qu'ils avaient à remplir, et leur avons remis les

pièces et procédures, à l'exception des déclarations écrites des témoins et des interrogatoires des prévenus, après la lecture desquelles pièces, les témoins produits ont été entendus de vive voix et séparément, savoir:

1°. Le cit. Pierre Mazot, âgé de 50 ans, inspecteur de police, demeurant à Paris, rue de la Tonnellerie N°. 629.

2°. Le cit. Georges Grisel, âgé de 51 ans, capitaine au troisième bataillon de la 55e. demi-brigade d'infanterie, résidant présentement au camp de Vincennes près Paris.

3°. Le cit. Dominique Aubry, âgé de 47 ans, ancien gendarme réformé, demeurant à Paris, rue Phelippeaux, N°. 10, division des Gravilliers, maison dite d'Angoulême.

4°. Le cit. Henri Louis Naudin, âgé de 42 ans, sculpteur en bois, demeurant à Paris, rue Marguerite, N°. 24, fauxbourg Antoine.

5°. Le cit. Antoine Joseph, Garçon, fils, âgé de 20 ans, demeurant avec son père, hôtelier, maison du Mont-Michel, garnie, place Maubert, N°. 6, division du Panthéon.

6°. Le nommé Jean-Noël Barbier, âgé de 22 ans, ex-légionnaire licencié, condamné aux fers par jugement de commission militaire, détenu à la maison de force de Bicêtre, étant en dépôt à la maison d'arrêt de la Force, d'où il a été extrait pour être entendu par lesdits Jurés d'accusation.

7°. Et le nommé Jean-Baptiste Meunier, âgé de 19 ans et demi, ex chasseur, également condamné aux fers, par jugement de commission militaire, détenu à la maison de force de Bicêtre, et actuellement en dépôt à la maison d'arrêt de la Force, d'où il a été extrait pour être entendu devant lesdits Jurés.

Ce fait , nous nous sommes retirés pour laisser les Jurés
délibérer entre eux; averris que leur délibération était finie ,
nous sommes rentrés , et le cit. Mury, chef desdits Jurés ,
nous a remis l'acte d'accusation en présence d'iceux Jurés
d'accusation, contre les susnommés, revêtu de leur déclaration signée de lui, portant *oui , il y a lieu.* Dont et
et de ce que dessus a été dressé le présent procès-verbal , que
nous avons signé avec ledit commis-greffier.

Signé GERARD et DEBELLE.

ORDONNANCE
DE PRISE DE CORPS
*CONTRE Toulotte , Cochet , Lepelletier
Rossignol , et Jorry.*

DE PAR LA LOI

Nous soussigné André Gérard , Juge , l'un des Directeurs
du Jury d'accusation du Canton de Paris, Département
de la Seine, séant au Palais de justice.

Vu la déclaration du Juri d'accusation , étant ensuite de
l'acte d'accusation dont la teneur suit.

Expose etc. (1)

Il résulte des détails ci-dessus attestés par les procès-verbaux
et pièces, jointes au présent acte d'accusation, la preuve
complette qu'il a existé une conspiration tendante à troubler

(1) vid. le recueil des actes d'accusation .

la République ; par une guerre civile , en armant les citoyens les uns contre les autres , et en les armant contre l'exercice de l'autorité légitime ; à opérer la dissolution des deux conseils législatifs , et celle du Directoire exécutif , tendante au meurtre des cinq membres du Directoire, des membres des autorités civiles et militaires ; au rétablissement de la constitution de mil sept cent quatre-vingt-treize et de tout autre gouvernement que celui établi par la constitution de l'an trois, acceptée par le peuple français , à l'invasion des propriétés publiques , au pillage et au partage des propriétés particulières : que lesdits Toulotte ; Cochet, Pelletier dit St. Fargeau , Rossignol et Jorry, sont prévenus d'avoir pris part à cette conspiration , que ledit Cochet est en outre prévenu d'être resté à Paris, en contravention à l'article premier de la Loi du 21 floréal dernier.

Sur quoi les Jurés auront à prononcer s'il y a lieu à accusation, à raison des délits mentionnés au présent acte, contre lesdits Toulotte , Cochet, Pelletier Saint-Fargeau, Rossignol et Jorry.

Fait au Palais de justice ; à Paris , ce deux thermidor, an IV de la République française, une et indivisible.

Signé GERARD.

Au dessous est écrit :

Vu au parquet, le 2 thermidor, an IV de la République française, une et indivisible.

Signé PETIT.

La déclaration du Jury est OUI, IL Y A LIEU, Paris, le 2 thermidor, an IV de la République.

Signé MURY , Chef du Jury.

Laquelle déclaration à moi remise par le Chef desdits Jurés, en leur présence, porte qu'il y a lieu à l'accu ation mentionnée audit acte; ordonnons en vertu de l'art. CCLVIII du code des délits et des peines du 2 brumaire dernier que lesdits :

Eustache-Louis-Joseph Toulotte, âgé de vingt-trois ans, natif de St. Omer, Département du Pas-de-Calais, pharmacien, demeurant à l'hospice du gros-caillou, division des Invalides, taille de cinq pieds deux pouces, cheveux et sourcils châtains, front moyen, nez épaté, yeux bleus, bouche moïenne; menton pointu, visage ovale, détenu en la maison d'arrêt du plessis.

François-Norbert-Daniel Cochet, âgé de trente ans, natif de Saint-Omer, Département du Pas-de-Calais, logé chez le cit. Garçon, tenant la maison garnie du Mont-Michel, place Maubert, division du Panthéon, taille de cinq pieds, un pouce, cheveux et sourcils châtains, front haut, nez moyen, yeux bleus, bouche moïenne, menton rond, visage ovale, détenu en la maison d'arrêt de l'abbaïe.

Felix Lepelletier dit St. Fargeau, demeurant à Paris, rue Culture-Catherine, division de l'Indivisibilité, absent.

Rossignol, ex-général, demeurant à Paris, rue Paul, division de l'arsenal, absent.
Et Sebastien-Louis-Gabriel Jorry, ex-adjudant général, demeurant à Paris, rue de Bièvre, numéro 37, division des Plantes, absent.

Seront pris et appréhendés au corps, transférés et conduits sous bonne et sûre garde dans la maison de Ju tice du Tribunal de la Haute-cour de Justice; et ce, dans le lieu qui sera indiqué par le conseil des Cinq-cents, aux termes de l'article

CCLXVIII de la constitution, et écroués sur les registres d'icelle maison de Justice.

Mandons aux Huissiers du Tribunal, ou autres sur ce requis de mettre à exécution la présente ordonnance, de laquelle sera donné copie aux susnommés, et qui sera notifiée aux membres du Bureau central de police de Paris, ainsi qu'aux huitième, neuvième, dixième et douzième Municipalité du Canton de Paris, dans l'étendue desquelles ils demeuraient.

Fait à Paris, au Palais de Justice, ce 2 Thermidor, l'an 4 de la République française, une et indivisible.

Signé GERARD.

ORDONNANCE

PORTANT COMMUNICATION

DE PIÈCES

AU COMMISSAIRE

DU POUVOIR EXECUTIF,

RELATIVE à Toulotte, Cochet, Jorry, Lepelletier, Rossignol.

Deux Thermidor, an 4.

Soyent toutes les pièces de la procédure instruite contre Eustache-Louis-Joseph Toulotte, François-Norbert-Daniel Cochet, Félix Lepelletier, dit St. Fargeau, Rossignol, ex-

général, et Sébastien-Louis-Gabriël Jorry, ex-adjudant-
général, prévenus de conspiration, communiquées au
Commissaire du pouvoir exécutif.

Fait à Paris, au Palais de Justice, ce deux Thermidor,
an quatrième de la République française, une et indivisible.

Signé GERARD.

Vu les pièces, attendu que Félix Lepelletier dit St.
Fargeau, Rossignol, Jorry, Toulotte et Cochet, sont
prévenus d'avoir participé à une conspiration et complot ten-
dants à troubler la République, par une guerre civile, en
armant les citoyens les uns contre les autres, et contre l'exercice
de l'autorité légitime ; à opérer la dissolution de la représentation nationale et du Directoire Exécutif, tendante au
meurtre des cinq membres du Directoire Exécutif, des
membres des autorités civiles et militaires, au rétablissement
de la constitution de 1793, et de tout autre gouvernement que
celui établi par la constitution de l'an 3, acceptée par le peuple
français ; à l'invasion des propriétés publiques, au pillage et au
partage des propriétés particulières. Que Cochet est en outre
prévenu de contravention à la loi du 21 floréal dernier ; que
ces délits sont prévus par l'article DCXII du nouveau code des
délits et des peines ; par l'article premier de la loi du 27
germinal dernier ; par celle du 21 floréal suivant, et qu'ils
emportent peine afflictive ; je requiers que, conformément
aux articles CCXX et DXVI du nouveau code des délits et
des peines, et à la susdite loi du 27 germinal dernier ; tous
lesdits susnommés seront traduits devant le Juri spécial
d'accusation.

Fait au parquet, le deux germinal, an quatrième
de la République française, une et indivisible.

PETIT.

A VENDOME, de l'imprimerie de LEONARD-COLAS.

www.ingramcontent.com/pod-product-compliance
Lightning Source LLC
Chambersburg PA
CBHW071454200326

41519CB00019B/5737